AF271694

VINCENZO IAVAZZO

GUIDA SICURA

Tecniche Preventive e Correttive per Ridurre al Minimo i Rischi della Guida

Titolo

"GUIDA SICURA"

Autore

Vincenzo Iavazzo

Editore

Bruno Editore

Sito internet

www.BrunoEditore.it

Tutti i diritti sono riservati a norma di legge. Nessuna parte di questo libro può essere riprodotta con alcun mezzo senza l'autorizzazione scritta dell'Autore e dell'Editore. È espressamente vietato trasmettere ad altri il presente libro, né in formato cartaceo né elettronico, né per denaro né a titolo gratuito. Le strategie riportate in questo libro sono frutto di anni di studi e specializzazioni, quindi non è garantito il raggiungimento dei medesimi risultati di crescita personale o professionale. Il lettore si assume piena responsabilità delle proprie scelte, consapevole dei rischi connessi a qualsiasi forma di esercizio. Il libro ha esclusivamente scopo formativo.

Attenzione

Lo scopo di questo ebook è quello di fornire un'efficiente formazione su tecniche di prevenzione per la guida sicura e di azioni pratiche in caso di accidentali imprevisti. Rimane comunque una guida teorica che non può sostituire anni di esperienza e corsi pratici e soprattutto non può rimpiazzare le scelte dettate dal buon senso del conducente in ogni specifica situazione stradale.

Pertanto sia l'Autore che l'Editore non assumono responsabilità circa le conseguenze in seguito all'applicazione delle tecniche e dei consigli illustrati in questa guida.

Inoltre, questa guida tende sempre a invitare il conducente alla prudenza, quindi è assolutamente sbagliato pensare che venendo a conoscenza di tecniche di guida per la correzione di imprevisti sia possibile guidare con maggiore scioltezza e a elevate velocità.

Sommario

Introduzione

Carissimo amico, ti ringrazio di vero cuore di esserti interessato a questa guida che migliorerà di certo la tua crescita personale e professionale. Nelle prossime pagine scoprirai quanto sia importante ricevere una formazione adeguata necessaria a migliorare la tua sicurezza e quella degli altri nell'ambito della guida.

Ti chiedo solo di dedicare con la massima attenzione qualche ora a queste preziosissime pagine. Probabilmente alcune cose le avrai già viste durante gli studi per il conseguimento della patente di guida, ma ti chiedo di non saltarle, anzi di metterle in pratica.

Spesso dimentichiamo o non applichiamo le regole che abbiamo studiato per ottenere la licenza di guida, avendo l'abitudine di guidare in modo spontaneo, automatico e dimenticando di rispettare la segnaletica, i limiti di velocità e le altre norme del codice della strada, correndo dei gravissimi rischi. Ben altri argomenti sicuramente ti stupiranno, poiché ti illustreranno tecniche di sicurezza preventive e correttive fondamentali, che difficilmente avrai già visto.

Purtroppo oggigiorno si verificano quotidianamente migliaia di incidenti nelle nostre strade e contrariamente a quello che si crede, solo una piccolissima parte di essi sono causati dallo stato psicofisico dei conducenti, in seguito all'assunzione di alcool o droghe. La maggior parte dei guidatori coinvolti erano lucidissimi.

Questa guida intende fornirti adeguate misure di prevenzione per la sicurezza stradale e non solo, ma anche una serie di tecniche correttive; conoscendole a livello teorico, ti saranno molto utili ed efficaci per riuscire con pieno successo nelle principali e più critiche situazioni di emergenza.

Imparerai inoltre come curare in modo efficiente la tua autovettura non solo per garantire la massima sicurezza stradale, ma anche per ottenere un forte risparmio economico, molto importante in questi tempi, a seguito dell'aumento continuo delle spese del carburante. Inoltre otterrai sicuramente un elevato ritorno economico con la diminuzione di spese di assicurazione, poiché sono sicuro che se applicherai le regole dettate in questa guida e quelle del buon senso, potrai anche togliere il classico modellino CID dalla tua autovettura!

Ho aggiunto inoltre un capitolo dedicato alla sicurezza della guida di moto o scooter, spesso considerati i pericoli numero uno delle nostre strade. Anche in questo caso scoprirai tante tecniche di prevenzione e come affrontare con successo eventuali imprevisti, facendoti ricredere sul pericolo che circonda questi comodissimi mezzi di trasporto.

Inoltre scoprirai come questa guida ti qualificherà non solo a livello personale, ma anche a quello professionale. Guidare un'automobile è concesso a qualsiasi maggiorenne che ne abbia i requisiti specifici, naturalmente dopo un esame teorico e pratico e con il conseguimento della patente di guida. Ma guidare con sicurezza è una "qualifica" che poche persone posseggono. E questo fondamentale requisito di responsabilità è richiesto da ogni azienda che affida auto sociali ai propri dipendenti. Inoltre, dal lato imprenditoriale, la Legge Italiana prevede una continua formazione per tutelare la salute del lavoratore e questo argomento è forse quello più delicato e quindi indispensabile per ogni dipendente che guida auto sociali.

Applica le profonde nozioni contenute in questa guida e potrai ritenerti fiero di essere una persona responsabile e civile nella guida. Potrai veramente scoprire che guidare è un piacere e non un pericolo.

Buona Lettura!
Vincenzo Iavazzo

GIORNO 1:

Duecentomila ragioni per fare il corso

Duecentotrentottomila e centoventiquattro. Sto parlando del numero di incidenti registrati nell'anno 2006 (fonti ufficiali ISTAT). È un dato veramente allarmante, poiché riconduce al fatto che ogni giorno in Italia avvengono circa 652 incidenti stradali, con conseguente decesso di 16 persone e 912 feriti.

È pur vero che negli ultimi anni si è verificata una maggiore circolazione stradale e una riduzione di questi dati negativi, tra cui l'indice di mortalità (cioè il numero di morti ogni 100 incidenti) e l'indice di gravità (cioè il numero di decessi per ogni 100 infortunati), ma comunque risultano necessarie massicce azioni pratiche da parte dei conducenti affinché si abbia una profonda diminuzione degli incidenti stradali.

Non indicherò questi dati per spaventarti, ma per farti semplicemente ragionare: in un primo luogo per invitarti alla prudenza, secondo per analizzare attraverso ulteriori informazioni quali sono i casi specifici che comportano maggiori problemi, affinché vengano prevenuti proprio in quelle stesse circostanza, con i dovuti accorgimenti.

SEGRETO n. 1: studiare le statistiche degli incidenti stradali è fondamentale per individuare e prevenire le situazioni più critiche.

Innanzitutto, attraverso i dati forniti dall'ISTAT si può notare che i periodi di maggiori incidenti stradali e decessi si verificano verso fine primavera e inizio estate. Questo aumento è dovuto probabilmente al fatto che durante i periodi caldi c'è maggiore occupazione e circolazione dei veicoli nelle nostre strade: le classiche passeggiate al mare.

Sempre secondo statistiche ISTAT 2006, i luoghi dove avvengono maggior numero di incidenti sono le strade urbane, precisamente equivalgono al 76,5% dei casi e costituiscono il 44% dei morti sul totale delle strade. Contrariamente a quanto si crede e soprattutto a quanto si sente attraverso i mass-media, in autostrada si registrano solo il 5,6% degli incidenti in totale.

Questo dato importante ti fa capire che anche a basse velocità anzi, soprattutto a quelle, si verificano maggiori incidenti e questo ti porta ad una misura di prevenzione immediata quando viaggi in città, zone in cui tendiamo a guidare con maggiore scioltezza e minore attenzione.

SEGRETO n. 2: presta attenzione anche alle basse velocità, si verificano la maggior parte degli incidenti stradali.

Un'altra analisi importante riguarda il numero di incidenti suddivisi per tipi di strade. Attraverso i dati ISTAT si riscontra che la maggior parte degli incidenti e dei morti si verificano principalmente nelle carreggiate a doppio senso di circolazione e da qui chiunque può giungere alla conclusione che la causa principale è il **sorpasso**.

SEGRETO n. 3: il sorpasso è la causa principale degli incidenti nelle carreggiate a doppio senso di circolazione.

Lo stesso sito ISTAT fornisce pure un'analisi dei giorni della settimana in cui si verificano maggior numero di incidenti. Al

Le cause principali di incidenti che si verificano di notte sono: la velocità, gli ostacoli presenti nelle strade, lo stato del conducente e il **sonno**. Di giorno si verificano principalmente cause di incidenti con pedoni e sorpassi. Tra le fasce di età sono più toccati i giovani di sesso maschile. Anche questo dato t'insegna qualcosa: che l'esperienza della guida è fondamentale per la sicurezza e non bisogna "distendersi" troppo, anche se la giovane età permette dei buoni riflessi.

Dopo questa spiacevole ma indispensabile parte statistica dei problemi delle nostre strade, passiamo ad argomenti più confortanti. Ad esempio, riguardo al "guadagno" che puoi avere con un corso simile. Fino ad ora hai constatato i vantaggi che comporta in termine di sicurezza un corso di guida sicura, ma esiste anche una parte interessante che poco fa ho definito "guadagno".

Per guadagno intendo innanzitutto quello economico. Attuando misure di prevenzione e azioni pratiche in caso di imprevisti, potresti arrivare ad un risparmio economico molto considerevole:

- assicurazione;

- rimborso danni;

- carrozziere;

- spese legali;

- manutenzione veicolo;

- carburante.

Innanzitutto vi sono le spese di assicurazione. Ogni anno sono in continuo aumento. Personalmente, pur non avendo incidenti, ogni anno riscontro comunque un aumento del costo della polizza! Figuriamoci poi nei casi in cui si verificano incidenti in cui si è colpevoli. Si verificano aumenti elevatissimi. In alcuni casi ti invitano addirittura a cambiare compagnia assicurativa!

Le spese dei danni si verificano spesso in seguito a piccoli incidenti, dove per evitare fastidi e aumenti di polizze, il conducente paga il danno alla parte lesa. Anche se si tratta di piccole ammaccature, i carrozzieri devono comunque provvedere a riverniciare l'intero pezzo e le spese non sono mai inferiori a qualche centinaio di euro. Inoltre c'è da aggiungere il danno alla propria autovettura che sicuramente sarà stata "intaccata".

Un'altra spesa da aggiungere sono i costi di un legale. Quante volte non c'è accordo tra le parti e si va a finire in una causa legale. Se la causa viene persa bisogna affrontare le spese del legale. La maggior parte di queste cause finisce sempre col 50 e 50, dove prendi i soldi, ma comunque subisci un aumento della classe ed un conseguente innalzamento delle spese annue della polizza.

Una guida scorretta comporta una maggiore "usura" del veicolo. Prendiamo ad esempio i pneumatici. Costituiscono il "danno" maggiore. Frenate d'emergenza, brusche accelerazioni, sterzate a velocità alte... Guidando così non basta più aspettare i classici 40.000 km per sostituirli, bisogna farlo molto prima per assicurare la sicurezza del veicolo.

Poi ci sono i freni che in caso di guida spericolata sono soggetti a un uso massiccio. Anche in questo caso un uso scorretto ne provoca una rapida usura e ne consegue un'immediata sostituzione. Poi ci sono tanti altri aspetti meno rilevanti nell'ambito della manutenzione del veicolo che comunque messi tutti insieme comportano un danno economico, tra cui quello più rilevante è senza dubbio il motore. Inoltre vi sono le spese di carburante che possono essere ridotte notevolmente con una guida corretta. Si tratta di un aspetto da non trascurare assolutamente, a fronte degli ultimi e continui aumenti del petrolio.

Ahimè, vi sono infine le spese mediche e i giorni di convalescenza a lavoro che non ho voluto elencare e spero con tutto il cuore che nessuno debba mai affrontare.

SEGRETO n. 6: guidare con sicurezza porta anche a un notevole risparmio economico.

Sempre parlando del discorso legato al "guadagno" che si può ottenere con un corso di guida sicura, non c'è solo quello economico, ma anche quello **professionale**.

Spesso quando si parla di professionalità, si riconduce all'argomento lavoro. Che tu sia un lavoratore dipendente o un imprenditore, comunque è una parte che ti tocca. Mettiamo tu sia un lavoratore dipendente e la tua azienda ti affidi un'auto sociale, sia per motivi di lavoro o a scopo di benefit. Naturalmente nessuno potrà mai contestare il tuo comportamento alla guida, poiché può capitare a chiunque di subire un incidente stradale. Nonostante ciò, esisterà sempre "traccia" del tuo curriculum di guida.

Devi comunque capire che un'auto sociale comporta delle spese all'azienda e in ogni caso affidano a te la custodia, quindi ne sei responsabile e anche se, come ti ho accennato in precedenza, nessuno può contestare il tuo comportamento al volante, tanti errori potranno comunque influire negativamente sulla tua professionalità. Potrebbero pensare che il dipendente Rossi sia superficiale oppure irresponsabile o addirittura inaffidabile. Tutte cose che andrebbero a discapito delle tue note caratteristiche. Come vedi anche il tuo "curriculum di guida" influisce sulla tua professionalità lavorativa.

Passiamo all'altro caso, ipotizzando che tu sia un lavoratore autonomo o un imprenditore. Le più grandi aziende italiane spendono cifre che si aggirano anche intorno ad un centinaio di migliaia di euro per infondere ai proprio dipendenti, utilizzatori di auto sociali, un corso per la sicurezza stradale. Spendono troppo?

Sì, spendono troppo poco! Poiché che c'è solo da guadagnare, grazie ad un elevato ritorno economico.

Primo perché tutte le spese che ti ho illustrato in precedenza, devono essere moltiplicate per il numero di dipendenti ai quali viene affidata l'auto aziendale. Ipotizziamo un'azienda dislocata in tutto il territorio nazionale che abbia alla dipendenza 5.000 operai lavoratori esterni e a ciascuno di essi sia affidata un'auto sociale.

Tra tutti i risparmi che ti ho elencato in precedenza: assicurazione, manutenzione, carburante, riparazioni… mettiamo che grazie a un corso di guida sicura, costato per tutti i dipendenti 200.000 €, i lavoratori riescono ad apportare un risparmio di 50 € l'anno ciascuno (in realtà si risparmia molto, ma molto di più). In un anno l'azienda avrà risparmiato 250.000 € e in 30 anni oltre sette milioni di euro. Come vedi con una formazione continua del personale, l'azienda risparmierà un intero capitale sociale!

Ti ho posto un calcolo ipotetico di un'azienda nazionale, ma lo stesso metodo si può applicare anche con un'azienda composta da solo 10 operai, naturalmente il risparmio sarà inferiore, ma sarà anche più basso il costo della formazione a solo 10 dipendenti. Il guadagno economico ci sarà sempre. Naturalmente, non si ottiene solo un guadagno economico. Innanzitutto si offre una maggiore qualificazione ai propri dipendenti che ne consegue soprattutto in un grandissimo ritorno di immagine per l'azienda.

Un'altra ragione, la più importante, per cui ogni azienda deve fornire ai propri dipendenti una formazione sulla sicurezza stradale, serve per ottemperare agli obblighi di Legge. Sicuramente avrai sentito spesso parlare del famoso Decreto Legislativo 626/94 meglio conosciuto come Legge della Sicurezza dei Lavoratori. Non ti illustrerò l'intera legge poiché è oltre 150 pagine, ma ti elencherò i punti più importanti che riguardano la nostra formazione. In ogni caso, nel paragrafo precedente ti ho allegato il link al sito con l'intero decreto.

Art. 1. - Campo di applicazione

Definisce che la Legge 626/94 prescrive misure per la tutela della salute e per la sicurezza dei lavoratori durante il lavoro, in tutti i settori di attività privati o pubblici.

Art. 3. - Misure generali di tutela

Definisce le misure generali per la protezione della salute e per la sicurezza dei lavoratori. Ad esempio:

- valutazione dei rischi per la salute e la sicurezza;
- eliminazione dei rischi in relazione alle conoscenze acquisite in base al progresso tecnico e, ove ciò non è possibile, loro riduzione al minimo;
- sostituzione di ciò che è pericoloso con ciò che non lo è, o è meno pericoloso;
- misure di protezione collettiva e individuale.

Art. 21 - Informazione dei lavoratori

Questa è forse quella più importante e attinente al nostro caso, poiché sancisce che il datore di lavoro debba provvedere affinché ciascun lavoratore riceva un'adeguata informazione su:

- i rischi per la sicurezza e la salute connessi all'attività dell'impresa in generale;
- le misure e le attività di protezione e prevenzione adottate;
- le procedure che riguardano il pronto soccorso.

Art. 22 - Formazione dei lavoratori

Anche questo articolo è fondamentale per il nostro caso, poiché sancisce che il datore di lavoro assicuri che ciascun lavoratore riceva una **formazione** sufficiente ed adeguata in materia di **sicurezza** e di salute, con particolare riferimento alle proprie mansioni. Inoltre, la formazione deve avvenire in occasione oltre all'assunzione, ai cambi di mansione, introduzione di nuove tecnologie... e deve essere **periodicamente ripetuta** in relazione all'insorgenza di nuovi rischi. Il rappresentante per la sicurezza ha diritto a una formazione particolare in materia di salute e sicurezza, tale da assicurargli adeguate nozioni sulle principali tecniche di **controllo e prevenzione** dei rischi stessi.

SEGRETO n. 7: la Legge 626 prevede una formazione continua dei lavoratori anche per la sicurezza stradale.

Come vedi è una Legge molto importante e va rispettata scrupolosamente, poiché sono previsti fortissime ammende ed anche l'arresto nei casi in cui il datore di lavoro non rispetti gli articoli del suddetto decreto.

RIEPILOGO DEL GIORNO 1:

- SEGRETO n. 1: studiare le statistiche degli incidenti stradali è fondamentale per individuare e prevenire le situazioni più critiche.

- SEGRETO n. 2: presta attenzione anche alle basse velocità, nelle quali si verificano la maggior parte degli incidenti stradali.

- SEGRETO n. 3: il sorpasso è la causa principale degli incidenti nelle carreggiate a doppio senso di circolazione.

- SEGRETO n. 4: i periodi critici per la sicurezza stradale sono i mesi caldi, i week-end e gli orari di spostamento per lavoro.

- SEGRETO n. 5: la quasi totalità degli incidenti avviene per errore umano.

- SEGRETO n. 6: guidare con sicurezza porta anche a un notevole risparmio economico.

- SEGRETO n. 7: la Legge 626 prevede una formazione continua dei lavoratori anche per la sicurezza stradale.

GIORNO 2:

Ridurre al 99% i rischi di incidenti

Come ti ho illustrato nel capitolo precedente, in cui hai visto la parte relativa alle statistiche, la maggior parte degli incidenti sono causati dall'**errore umano**. Per essere precisi, l'analisi ISTAT degli incidenti relativa alle cause riportava che solo il 0,2% sul totale erano dovuti ad anomalia al veicolo.

A questo punto ti pongo un ragionamento semplicissimo ma molto profondo: se riuscissimo a prevenire e agire correttamente nella guida, quale sarebbe il risultato? La risposta più intuitiva è che si ridurrebbero gli incidenti quasi al 100%.

Naturalmente, sbagliare è umano. E inoltre non siamo macchine, capita a tutti di commettere degli errori. Però, è possibile mettere in atto una serie di tecniche preventive, che insieme ad altre, da attuare in eventuali situazioni di pericolo (che vedrai nei capitoli successivi), consentiranno comunque un elevatissimo grado di sicurezza per tutti.

24

Partiamo dall'ABC: la **posizione di guida**. Può sembrarti strano, ma una corretta posizione di guida contribuisce a migliorare notevolmente la sicurezza stradale. Purtroppo siamo abituati a "sistemarci" in automobile in modo da stare più comodi e nella maggioranza delle volte, non sono posizioni che consentono una guida sicura. Anzi, ti dirò di più, credi di stare comodo, ma in realtà dopo qualche ora di guida, sei a pezzi!

Proprio a questo proposito partirò dalla posizione sul sedile del veicolo. La maggior parte delle persone è abituata a sedersi lontano dal volante per comodità. È sbagliato in tutto. Primo perché avendo le braccia distese fai più fatica a girare il volante, secondo perché in presenza di curve anche se non te ne accorgi, tendi a sollevare la schiena dal sedile e dopo anche un breve viaggio avverti una forte stanchezza. Poi c'è il discorso fondamentale della sicurezza: con questa posizione hai minor controllo del veicolo e inoltre non hai rapidità nei movimenti delle sterzate.

Quindi abituati a stare vicino al volante, facendo in modo che esso cada all'altezza delle ginocchia e regola lo schienale in modo da essere quasi in posizione eretta. So che sembrerà faticosa questa posizione, ma ti assicuro che è esattamente il contrario. Personalmente ero il primo a trovare scomoda questa posizione, ma dopo averla provata ho cambiato immediatamente opinione. Ti chiedo solo di provarla per mezz'ora di guida e tu stesso noterai la differenza, soprattutto con la schiena, che sentirai molto più rilassata.

SEGRETO n. 1: posizionati vicino al volante con lo schienale quasi eretto per assicurarti maggiore sicurezza.

Passiamo alla posizione delle mani sul volante. Devi impugnare il volante in modo che le mani stiano su una linea retta, con i pollici all'interno dello stesso, affinché non ti sfugga.

Tenere una sola mano sul volante è consentito solo per operazioni brevissime, tipo cambiare marcia, ma per il resto è buona regola tenerle salde entrambi sul manubrio, così che tu abbia un maggiore controllo del veicolo e una elevata rapidità nelle sterzate, che spesso possono salvarti da un imprevisto.

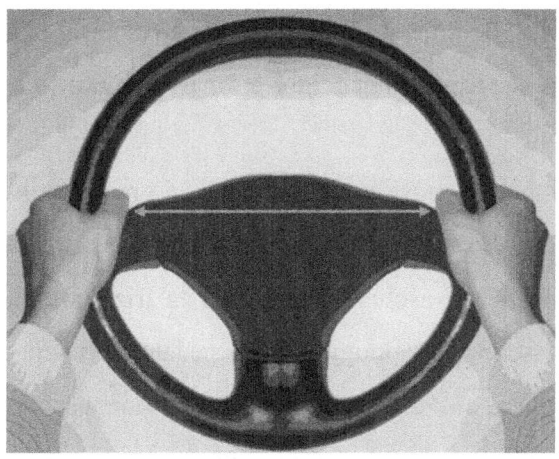

Nelle situazioni di "curve larghe" puoi tranquillamente sterzare, con estrema precisione, senza aver bisogno di spostare le mani. Invece nelle curve più strette sarai obbligato a spostare le mani. In questo caso devi far particolarmente attenzione a non incrociare le braccia, cosa che spesso accade. La tecnica ideale sarebbe quella di girare il volante facendolo scorrere tra le tue mani.

Al termine della curva lo sterzo ritornerà automaticamente nella posizione a ruote dritte, ma dovrai sempre farlo scorrere tra le mani, per evitare bruschi o lenti ritorni. Ricorda che mentre guidi, in particolare a velocità alte, una minima variazione del volante porta a un grande spostamento che può essere molto pericoloso.

SEGRETO n. 2: impugna il volante con due mani con i pollici all'interno ed evita di incrociare le braccia quando svolti.

Passiamo ora alla posizione dei piedi. Come ben sai il piede destro lo devi usare per frenare e accelerare, mentre il piede sinistro viene usato esclusivamente per la frizione. Quest'ultimo non deve essere mai appoggiato sul pedale, a meno che non si debba cambiare marcia, poiché porta ad una usura rapida del disco della frizione e anche perché stando a sinistra, garantisce al conducente una maggiore stabilità nelle curve e nelle frenate.

I tre comandi vanno schiacciati con la punta dei piedi, per evitare che ne vengano premuti due contemporaneamente a discapito della sicurezza. A questo punto, dopo esserti posto nella giusta posizione, puoi metterti in marcia, ma prima, come sicuramente già farai (almeno spero!) devi allacciare le **cinture di sicurezza**.

L'uso delle cinture di sicurezza, sui veicoli è obbligatorio sia per il conducente che per tutti i passeggeri, anche per quelli seduti ai sedili posteriori, al fine di evitare, oltre ad una multa, alla decurtazione di cinque punti sulla patente. Questo è dal punto di vista giuridico, ma quello che più ci interessa è la nostra sicurezza. Parecchie persone pensano che sia inutile allacciare le cinture di sicurezza in città, poiché non si raggiungono velocità elevate. Sbagliato! È dimostrato che può essere letale anche un urto andando a soli 20 km/h, praticamente si può rischiare la vita andando a velocità d'uomo. Penso che valga la pena di perdere due secondi per utilizzare uno tra i più importanti dispositivi di sicurezza nei veicoli.

SEGRETO n. 3: le cinture di sicurezza salvano la vita ai passeggeri seduti in avanti e indietro anche a bassissime velocità.

A questo punto puoi metterti in marcia, avendo cura di prevenire ogni genere di **distrazioni**, le cause più diffuse di incidenti stradali, tipo il cellulare, spesso colpevole in questo senso. Questo utilissimo dispositivo, che aiuta in alcuni casi anche nella sicurezza stradale (ad esempio, per avvertire rapidamente i soccorsi), in molti altri casi costituisce uno delle più diffuse cause di incidenti. Pertanto ti consiglio vivamente di acquistare un auricolare, fissandolo nell'orecchio già prima di partire.

Il cellulare è sicuramente al vertice della classifica delle distrazioni durante la guida, ma non è il solo, ci sono tante altre cose che possono distrarti: cambiare i canali dell'autoradio, scrivere o leggere, utilizzare i palmari, regolare il condizionatore, truccarsi mentre si guida, impostare il navigatore satellitare, utilizzare il computer di bordo, fumare, guardare addirittura la tv o un dvd sulle nuove autoradio. Sono tutte cose da fare quando sei fermo o se è proprio indispensabile, accosti, se puoi farlo in condizioni di sicurezza. Ci sono inoltre tanti altri mezzi di distrazione, magari non presenti nel tuo veicolo, ma all'esterno, tipo: i cartelloni pubblicitari, guardare delle belle ragazze/i ;-), ammirare l'abbigliamento dei negozi... anche queste sono cose che vanno evitate durante la guida ed anche in questo caso, se non se ne può fare a meno, è consigliabile fermarsi e parcheggiare.

SEGRETO n. 4: durante la guida evita le distrazioni, cause principali di incidenti stradali.

Finalmente stiamo alla guida vera e propria. Quando sei al volante è necessaria la massima concentrazione. Un ottimo sistema di prevenzione, da adottare particolarmente nelle autostrade e nelle strade extraurbane, consiste nel **guardare periodicamente la strada a distanza**, al fine di prevenire con largo anticipo eventuali imprevisti.

Questa tecnica è di fondamentale importanza, poiché consente, oltre a fermare anticipatamente il proprio veicolo, di evitare pure una collisione con quello che ti segue, magari mettendolo all'erta, accendendo le luci d'emergenza. Personalmente questa situazione ha salvato me e un gruppo di amici da un pericoloso incidente, anche se non ero alla guida.

Una sera di inverno ero seduto nella parte posteriore in una macchina con amici e mentre eravamo in una strada extraurbana principale, da lontano notai alcuni veicoli con le luci d'emergenza accese. Fortunatamente avvertii subito il mio amico che guidava, il quale cominciò subito a rallentare e poi a fermarsi, appena in tempo per evitare una collisione. Successe che in quella strada il freddo rigido aveva formato uno strato di ghiaccio praticamente invisibile, che causò un incidente multiplo che coinvolse tre o quattro veicoli e alcuni erano addirittura contromano a causa dei testacoda. Ti ho raccontato questo episodio per metterti in guardia anche quando non sei alla guida.

Naturalmente, sempre nell'ambito dell'importante visibilità, dovrai regolare tutti gli specchietti interni ed esterni, per assicurarti una visione totale da ogni lato. Inoltre ti sconsiglio di attaccare sui vetri peluche oppure ciondoli sugli specchietti. Discorso analogo è quello di assicurarti di **essere visto**. Questo significa che dovrai avere sempre in perfette condizioni l'impianto elettrico d'illuminazione e di tenere sempre in macchina una scorta di lampadine di emergenza. Oltre a questo, dovrai usare l'illuminazione correttamente. Normalmente le luci di posizioni e quelle anabbaglianti vengono accese quando fa buio, ma dovrai attivarle anche in condizioni di scarsa visibilità (nebbia, fitta pioggia, gallerie…), inoltre da qualche anno è obbligatorio accenderle anche di giorno in strada extraurbane ed in autostrade.

SEGRETO n. 5: quando guidi guarda periodicamente a distanza per prevedere gli imprevisti e assicurati anche di essere visto.

Particolare attenzione, va posta nelle **curve**. Esistono diversi tipi di curve: strette, larghe, a 90°, a 180°, doppia curva… Però tutte quante vengono percorse con la stessa tecnica. Innanzitutto, la maggior parte delle persone commettono lo stesso sbaglio: frenare in curva. È una cosa molto pericolosa e ti spiego subito il perché.

Ogni automobile ha un determinato peso, in genere la parte anteriore è più pesante a causa del motore, mentre risulta equamente distribuito ai lati: sinistro e destro. Durante la guida, l'automobile subisce una variazione di peso distribuito in modo diverso, tra la parte anteriore, posteriore, sinistra e destra. Ad esempio, quando acceleri, il peso dell'autovettura si distribuisce maggiormente nella parte posteriore, quando freni si sposta nella parte anteriore, quando svolti a sinistra vi è un maggior peso nella parte destra e viceversa quando svolti a destra pesa di più la parte opposta. Nel momento in cui vi è maggior peso in uno dei quattro lati, i corrispondenti pneumatici possiedono una maggiore aderenza col terreno, ma viceversa, nel lato opposto, ci sarà minore aderenza. Ora, mettiamo il caso in cui stai affrontando una curva a destra, già il carico viene distribuito prevalentemente a sinistra, inoltre se azioni il freno o deceleri bruscamente, rischi di far perdere aderenza alle ruote posteriori, dando luogo al cosiddetto sovrasterzo ed alla conseguente sbandata del veicolo o addirittura al testacoda.

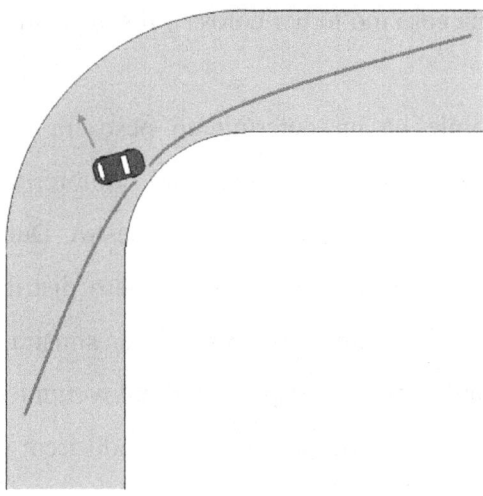

Questa situazione risulterà ancora più pericolosa in presenza di curve successive, poiché in questo caso il carico si sposterebbe di continuo ad entrambi i lati e si rischierebbe di perdere facilmente il controllo del veicolo.

Pertanto la tecnica migliore per affrontare una curva in sicurezza, consiste nel **rallentare prima di svoltare**, precisamente, prima di imboccarla dovrai frenare adeguatamente secondo l'intensità della curva e scalare marcia, tutto questo naturalmente salvo altri imprevisti.

Il discorso della frenata in curva vale pure per l'accelerazione. Un'accelerazione brusca può portare comunque allo spostamento del carico nella parte posteriore del veicolo, alla perdita di aderenza dei pneumatici anteriori ed un conseguente allargamento della traiettoria del veicolo (sottosterzo). Perciò solo quando giungi all'uscita della curva è possibile accelerare.

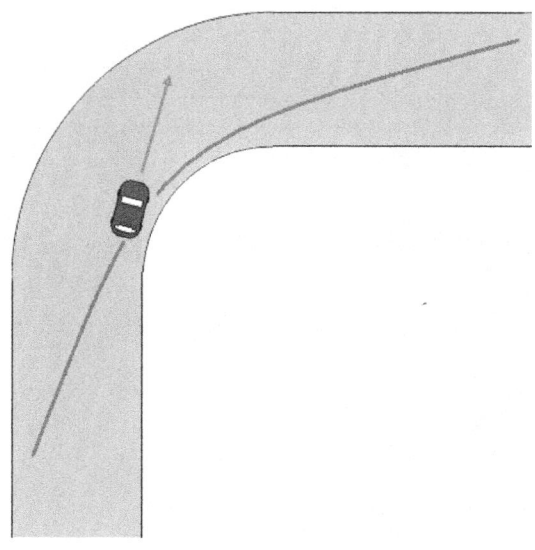

A questo punto, passiamo alla **traiettoria** da adottare in curva. La traiettoria ideale è quella che chissà quante volte avrai visto fare dai piloti della Formula Uno, però non tener conto dell'elevata velocità di percorrenza! Loro sono maestri nel campo e a velocità così elevate devono per forza adottare una traiettoria sicurissima, altrimenti finirebbero fuori pista. Come spesso avrai potuto notare, entrano in curva larghi, si stringono man mano verso il centro della curva ed escono allargandosi progressivamente sfruttando l'acceleratore.

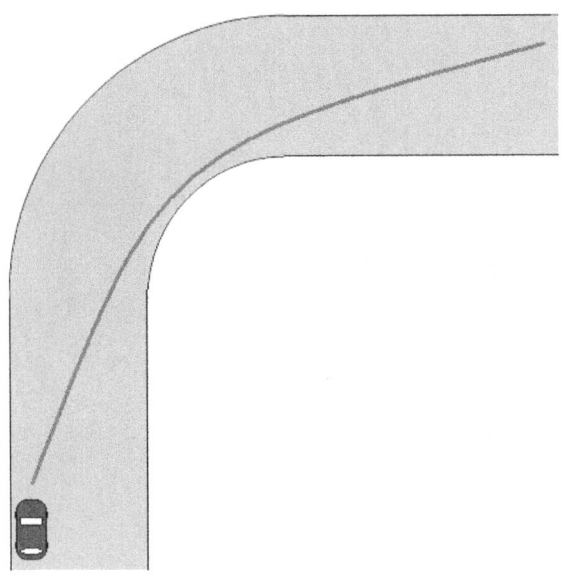

Naturalmente loro sono su una pista (a senso unico), ma la maggior parte delle nostre strade sono a doppio senso di circolazione, quindi dovrai far particolarmente attenzione a non superare col margine dell'autovettura il limite della corsia segnalato con le strisce della carreggiata.

SEGRETO n. 6: evita di frenare in curva, rallenta prima di imboccarla e segui una traiettoria larga in ingresso, stretta al centro e riallargati in uscita.

Veniamo ora a un altro argomento delicato che consente di ridurre notevolmente il rischio di incidenti: la **distanza di sicurezza**. Sono sicuro che nessuno rispetta adeguatamente la distanza dal veicolo che lo precede, probabilmente perché sono in pochi a sapere come calcolarla. Ci sono persone che restano addirittura attaccati al veicolo davanti, cosa che non deve avvenire neanche alla velocità di 10 km/h. Inoltre se scopri che il veicolo che ti segue fa questo, fagli strada e cerca di farlo sorpassare poiché potresti trovarti coinvolto in un pericoloso tamponamento, senza averne colpa. Prima di parlare di distanza di sicurezza, dobbiamo affrontare il discorso relativo al **tempo di reazione**, cioè il tempo che passa dal momento in cui avverti il pericolo e premi il pedale del freno. Questo tempo varia dai 0,5 a 1,5 secondi, secondo la prontezza di riflessi, il grado di attenzione, la lucidità del conducente...

Mettiamo che tu stia viaggiando a 90 km/h, velocità che equivale a 25 metri al secondo. A questa velocità, se avverti un pericolo, prima di spingere il pedale del freno avrai già percorso una distanza che può arrivare fino a 37 metri e inoltre c'è da aggiungere lo spazio di frenata del veicolo, perché come ben sai un veicolo non si arresta all'istante in cui premi il freno! Esistono diverse formule per calcolare la distanza di sicurezza, nessuna è precisa, poiché i fattori in gioco sono tanti: il tipo di strada, le condizioni meteo, la qualità dei pneumatici. Diciamo che una formula affidabile per il calcolo della distanza di sicurezza su fondo stradale asciutto (k = 0,8) è la seguente:

$$\text{Spazio di Frenata} = \frac{v^2}{2 \cdot g \cdot k}$$

v = velocità (m/s)
g = accelerazione di gravità (9,8 m/s^2)
k = coefficiente di attrito

Come vedi all'aumentare della velocità, la distanza di sicurezza crescerà in maniera esponenziale, inoltre, al risultato di questa formula dovrai aggiungere lo spazio di reazione, ho illustrato in precedenza (ponendo un tempo di reazione medio pari ad 1 secondo) il procedimento di calcolo. Nella tabella seguente puoi vedere i valori relativi alle distanze di sicurezza calcolate sulle velocità massime consentite su: strada urbana, strada extraurbana secondaria, strada extraurbana principale e autostrada.

Velocità (km/h)	Spazio di Reazione (m)	Spazio di Frenata (m)	Distanza di Sicurezza (m)
50	14	12	26
90	25	40	65
110	31	60	90
130	36	83	119
150	42	111	152

Per applicare praticamente con una buona approssimazione la distanza di sicurezza, tieni conto che 25 metri equivalgono circa alla lunghezza di due autobus.

Nel dubbio mantieni una distanza maggiore, è molto importante poiché potrebbe salvarti la vita.

SEGRETO n. 7: la distanza di sicurezza aumenta esponenzialmente con la velocità e dipende inoltre dal fondo stradale, dai pneumatici e dal tempo di reazione.

Inoltre, come ti ho già accennato in precedenza, è molto importante guardare periodicamente a distanza, al fine di prevenire eventuali pericoli e arrestarti con un largo margine di sicurezza. Non adottare questa tecnica solo se guidi, fallo anche da passeggero. Non pensare che se non guidi puoi concederti il totale rilassamento. Cerca sempre, quando ti è possibile, di evitare di addormentarti, specie di notte, magari conversa con il guidatore, per evitare che incappi nel "colpo di sonno". Guarda anche tu periodicamente a distanza, è una cosa che può salvare la vita anche a te.

Passiamo ora a una delle maggiori cause di incidenti: il **sorpasso**. Probabilmente conosci le condizioni di sicurezza indispensabili prima di effettuare un sorpasso, ma è meglio fare un ripassino dell'Articolo 18 del Codice della Strada, che regola appunto questa delicata manovra. Ecco i punti salienti:

«Il sorpasso è la manovra mediante la quale un veicolo supera un altro. Il conducente che intende sorpassare deve preventivamente accertarsi:

- che la visibilità sia tale da consentire la manovra e che la stessa possa compiersi senza costituire pericolo o intralcio;

- che il conducente che lo precede nella stessa corsia non abbia segnalato di voler compiere la stessa manovra;

- che nessun conducente che segue sulla stessa carreggiata abbia iniziato il sorpasso;

- che la strada sia libera per uno spazio tale da consentire la completa esecuzione del sorpasso, nonché della presenza di utenti che sopraggiungono dalla direzione contraria o che precedono l'utente da sorpassare;

- l'utente che viene sorpassato deve agevolare la manovra e non accelerare;

- è vietato il sorpasso in prossimità o in corrispondenza delle curve o dei dossi e in ogni altro caso di scarsa visibilità (eccetto nelle strade a senso unico);

- è vietato il sorpasso in prossimità o in corrispondenza degli incroci e delle intersezioni o in presenza di segnaletica verticale che ne imponga il divieto.»

Questa è sicuramente una delle parti di questa guida che conosci, ma non devi sottovalutare, anzi mettere in pratica. Non voglio spaventarti, ma la realtà è che oltre il 60% degli incidenti avviene nelle strade a doppio senso di circolazione, a differenza del 6% di quelli che avvengono nelle strade a senso unico, facilmente intuibile che la causa è senza dubbio il sorpasso.

SEGRETO n. 8: sorpassa solo in totale condizioni di sicurezza poiché è la principale manovra causa di incidenti.

RIEPILOGO DEL GIORNO 2:

- SEGRETO n. 1: posizionati vicino al volante con lo schienale quasi eretto per assicurarti maggiore sicurezza.

- SEGRETO n. 2: impugna il volante con due mani con i pollici all'interno ed evita di incrociare le braccia quando svolti.

- SEGRETO n. 3: le cinture di sicurezza salvano la vita ai passeggeri seduti in avanti e indietro anche a bassissime velocità.

- SEGRETO n. 4: durante la guida evita le distrazioni, cause principali di incidenti stradali.

- SEGRETO n. 5: quando guidi guarda periodicamente a distanza per prevedere gli imprevisti e assicurati anche di essere visto.

- SEGRETO n. 6: evita di frenare in curva, rallenta prima di imboccarla e segui una traiettoria larga in ingresso, stretta al centro e riallargati in uscita.

- SEGRETO n. 7: la distanza di sicurezza aumenta esponenzialmente con la velocità e dipende inoltre dal fondo stradale, dai pneumatici e dal tempo di reazione.

- SEGRETO n. 8: sorpassa solo in totale condizioni di sicurezza poiché è la principale manovra causa di incidenti.

GIORNO 3:

Stop alle altre cause di sinistri

Finora hai visto i principali comportamenti da applicare durante la guida. Nelle pagine precedenti, ti ho posto casistiche avendo alla base nessuna criticità, ma spesso si verificano situazioni che influiscono negativamente sulla sicurezza alla guida e ti impongono innanzitutto maggiore prudenza, nuove manovre e tecniche preventive.

Sto parlando degli imprevisti e dei pericoli presenti sulle nostre strade. Come ti ho già illustrato nel capitolo precedente, durante la guida è necessario mantenere una certa distanza di sicurezza ed hai visto pure come calcolarla. La formuletta che hai visto vale, con una certa approssimazione, supponendo che tu stia percorrendo una strada asfaltata con fondo asciutto e con i pneumatici della tua automobile in buone condizioni. Ma che succede se piove o se nevica? Chissà quante volte ti sarà capitato che azionando il freno, in **condizioni meteorologiche** non delle migliori, si sia verificato il bloccaggio delle ruote ed il veicolo andasse ancora più veloce. Quindi ci sarà una variazione alla tabella precedente.

Nel caso di pioggia dovrai aumentare lo spazio di frenata del doppio rispetto a quella a fondo stradale asciutto. Nel caso di presenza di ghiaccio in strada, dovrai addirittura moltiplicare per 16 volte lo spazio di frenata rispetto al fondo stradale asciutto.

SEGRETO n. 1: la distanza di sicurezza aumenta notevolmente in caso di pessime condizioni meteo.

Come accennato in precedenza, la visibilità della strada è fondamentale per la guida sicura, quindi non mi stancherò mai di ripeterti la tecnica fondamentale di prevenzione per la sicurezza della guida: guardare a distanza per prevenire gli imprevisti. Risulta chiaro che in condizioni di scarsa visibilità tipo pioggia fitta o **nebbia** bisogna essere ancora più prudenti.

L'ideale, in presenza di nebbia, sarebbe evitare di guidare, naturalmente in alcune circostanze sarebbe chiedere troppo!

Se è proprio indispensabile metterti in viaggio, dovrai seguire alcuni provvedimenti: innanzitutto devi necessariamente ridurre al minimo la velocità, poiché la visibilità degli ostacoli è limitata ed aumentano anche i tuoi tempi di reazione. Devi accendere le luci di posizioni, gli anabbaglianti e non i fari abbaglianti, perché al contrario di quello che si crede, la luce forte riflette sulla nebbia e causa una peggiore visibilità e fastidi a te e ai guidatori della corsia opposta. Devi necessariamente accendere i proiettori fendinebbia anteriori (se l'autovettura ne dispone) e quelli posteriori, fondamentali per consentire di essere visto dai veicoli che ti seguono.

Ulteriore attenzione va posta quando si guida in presenza di **neve**.

Nel caso di strade ricoperte da ghiaccio, il coefficiente di attrito cala dallo 0,8 allo 0,05. Se tu rivedi la formuletta che ti ho illustrato in precedenza, per il calcolo della distanza di sicurezza, noterai che questa si allungherà fino a sedici volte. Evita manovre brusche per non andare incontro al fenomeno del sottosterzo. Dovrai usare dolcemente il freno per evitare lo slittaggio delle ruote e favorire il freno motore (rallenta in sicurezza scalando le marce).

È molto importante ai fini della sicurezza stradale montare pneumatici da neve (non pensare sia una spesa eccessiva, poiché vengono utilizzati per pochi mesi l'anno e quindi avranno una lunga durata), invece le catene vanno utilizzate solo in presenza di neve fresca, poiché in assenza di essa, potrebbero rovinare l'asfalto e la distruzione delle stesse catene.

Se devi viaggiare occasionalmente in strade in presenza di neve (ad esempio per un week-end), sarebbe ideale favorire l'utilizzo di una autovettura a trazione integrale che consente una maggiore sicurezza. Un altro pericolo meno frequente, ma comunque in agguato nelle nostre strade è il **forte vento**.

Questo pericolo risulta spesso in agguato all'uscita delle gallerie ed in presenza di viadotti (ponti stradali). Naturalmente, in questi tratti di strada dovrai usare la massima prudenza, poiché il vento forte potrebbe spingere lateralmente la vettura, quindi dovrai innanzitutto limitare la velocità e tenere ben saldo il volante tra le mani (come sempre) e prevenire eventuali azioni che potrebbero farti togliere una mano dal volante, tipo: cambiare marcia.

SEGRETO n. 2: non trascurare l'attenzione e la prudenza durante la guida in pessime condizioni meteorologiche.

Come hai visto nel primo capitolo, i periodi di maggiori incidenti stradali si verificano verso fine primavera ed inizio estate, a causa principalmente della maggiore occupazione e circolazione dei veicoli nelle nostre strade.

Questo dato di fatto porta ad una maggiore prudenza in presenza di **traffico**, ma anche ad evitare o dove è possibile, preferire percorsi alternativi su strade non trafficate.

Durante gli esodi estivi, le strade maggiormente trafficate sono quelle delle Autostrade. Fortunatamente, nel sito ufficiale di questa società, vi è una pagina dedicata alla situazione del traffico in tempo reale.

http://www.autostrade.it/autostrade/traffico.do

Questa sezione del sito di Autostrade è estremamente semplice. In questa pagina appare una mappa dell'Italia che fornisce già a primo impatto una visuale completa della situazione di traffico nelle strade autostradali:

- traffico regolare;
- rallentamenti;
- criticità;
- bloccato;
- chiusura;
- tratte non gestiste.

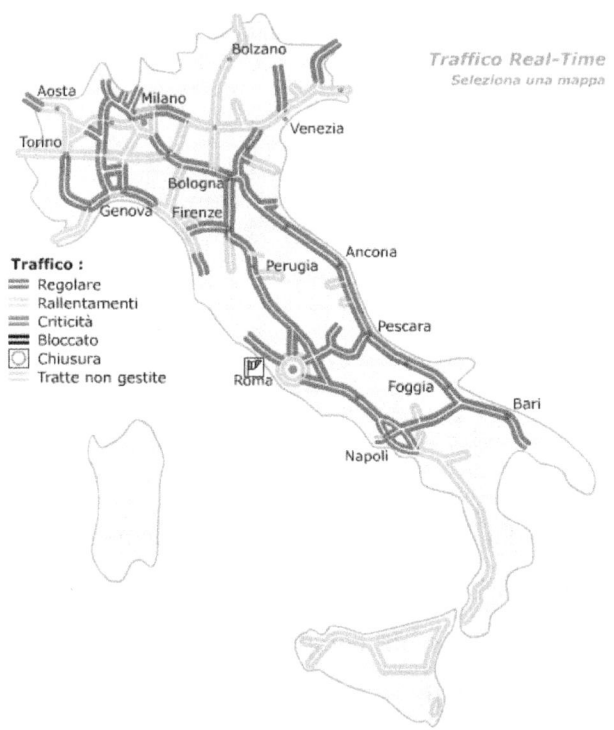

Spostandoti col mouse verso la zona interessata, apparirà un'area evidenziata che se cliccata, porterà nella pagina relativa al dettaglio della situazione di traffico dell'area scelta.

Nella nuova pagina sarà possibile ancora una volta scegliere una strada sulla quale ricevere informazioni ancora più dettagliate del traffico. Dopo che avrai studiato la situazione del traffico della tratta che ti interessa, potrai decidere un itinerario alternativo.

A tal proposito potrà esserti di grande utilità il sito Google Maps Italia che fornisce mappe, cartine e itinerari italiani.

Attraverso la pagina principale di questo sito, in particolare nella parte denominata: «Ottieni indicazioni stradali» dovrai impostare il viaggio, indicando la città di partenza e quella di arrivo.

A questo punto ti verrà fornito un itinerario ottimale per il tuo viaggio, con tanto di mappa e descrizione dettagliata delle strade da percorrere.

Per definire il tuo percorso alternativo, in base alle esigenze di traffico fornite dal sito di Autostrade, non ti resta altro che "trascinare", tenendo premuto il tasto sinistro del mouse, una parte di strada verso un'altra, al fine di ottenere un altro percorso, con i dettagli delle strade da percorrere.

Personalmente, grazie a questi due siti, ho sempre viaggiato in condizioni molto piacevoli che risultato soprattutto situazioni molto sicure.

SEGRETO n. 3: aggiornati col sito Autostrade sulla situazione del traffico, causa frequente di incidenti e valuta percorsi alternativi.

Visto che nella pagine precedenti ti ho evidenziato l'importanza delle condizioni meteo per la sicurezza stradale, sempre nell'ambito del sito di Autostrade, ti risulterà utilissima la sezione relativa alle previsioni meteo, aggiornate in tempo reale.

http://www.autostrade.it/autostrade/meteo.do

Anche in questo caso apparirà una mappa della nostra nazione, con cui, cliccando le zone interessate, sarà possibile avere la situazione aggiornata delle condizioni del tempo.

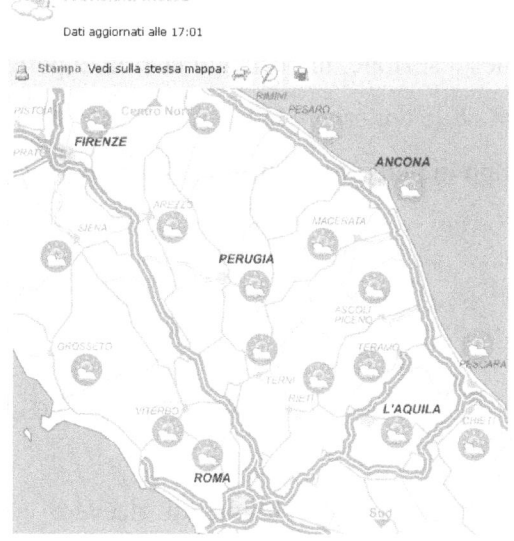

SEGRETO n. 4: utilizza il sito Autostrade per aggiornarti sulle condizioni meteo delle strade da percorrere.

Rimanendo nello stesso sito di Autostrade ci sono altre due sezioni molto interessanti e molto utili da consultare prima di affrontare un viaggio.

http://www.autostrade.it/autostrade/percorso.do

Attraverso questa sezione, impostando la città di partenza e quella di arrivo è possibile conoscere la lunghezza del percorso (espressa in km), il tempo di percorrenza medio e il costo pedaggio per auto e moto.

http://www.autostrade.it/autostrade/servizi.do

Questa utilissima sezione, consente di ricevere comodamente, dopo aver impostato l'itinerario interessato, informazioni sulle area di servizio, in particolare, nell'ambito dei distributori di carburante, viene fornito in dettaglio il prezzo e quali sono le stazioni più economiche. Fornisce inoltre, informazioni sui servizi disponibili nelle apposite aree: GPL, Metano, Bar, Ristorante, Bancomat, Docce, Servizi disabili, Baby Room, Parco giochi, Officina, Area Camper, Informazioni Turistiche, Parcheggio Telemonitorato, Motel, Chiesa, Pet Park.

Passiamo ora a un argomento che sicuramente avrai già visto, ma costituisce il pilastro della guida sicura: la **segnaletica stradale**. Ritengo opportuno che tu debba rivedere queste nozioni per due motivi: il primo è che probabilmente parecchie cose non le ricordi e comunque do quasi per certo che non le rispetti al 100%; il secondo è che se hai conseguito la patente di guida da più di qualche anno, parecchi argomenti saranno nuovi per te, poiché lo Stato investe continuamente sulla sicurezza e sul codice stradale.

Ti sfido a scoprire che parecchie nozioni non le ricordi, invitandoti a fare una delle "classiche" schede **quiz** che facevi nei periodi di preparazione per affrontare l'esame teorico di scuola guida. A questo proposito ti invito ad andare sul sito Test Patente e cliccare su "Entra" con la login e password pre-impostata per una dimostrazione, dopodiché clicca su "start" in corrispondenza della parte relativa a "Prova d'esame".

A meno che tu non sia un "neopatentato" sono sicuro che farai abbastanza errori! Grazie a questo sito potrai esercitarti sulla teoria del manuale di scuola guida, ma t'invito sopratutto a mettere in pratica queste nozioni.

Personalmente uso questo sito come passatempo (è come se fosse un cruciverba!) e nello stesso tempo acquisisco nozioni di sicurezza stradale, in fondo come spesso si dice ai bambini: «Impara giocando!».

Ricorda inoltre che quasi la totalità degli incidenti è dovuta all'errore umano... rispettare tutte le "regole" significa limitare verso la totalità gli incidenti stradali e a tutte le loro tragiche conseguenze.

SEGRETO n. 5: esercitati con i quiz della patente online per essere sempre aggiornato con il codice della strada.

Magari prima di affrontare i quiz potresti ridare uno sguardo alla parte teorica attraverso i più importanti siti al riguardo:

- Codice della Strada by Wikipedia
- Patente.it

In ogni caso, vediamo rapidamente i principali segnali stradali nell'ambito della sicurezza della guida. Inutile dire che anche tutti gli altri segnali sono importanti.

Tra i segnali di pericolo, oltre a quelli già visti (vento laterale e neve) vi sono:

Segnala la presenza di un tratto di strada sdrucciolevole, in cui è necessario moderare la velocità e a evitare spostamenti bruschi.

Curva pericolosa e doppia curva. Avvertono della presenza di curve strette, in cui è necessario rallentare già prima di entrare in curva e prestare attenzione per la visibilità limitata.

Attraversamento pericoloso / bambini / attraversamento ciclabile. Invita a moderare la velocità per probabile presenza di pedoni sulla carreggiata.

Poi ci sono i segnali di prescrizione e tra i più importanti vi sono:

Fermarsi e dare precedenza e Dare precedenza

Divieto di sorpasso

Limite massimo di velocità

Sono tutti segnali che se rispettati garantiscono un'ottima sicurezza stradale.

Come ti ho già ripetuto diverse volte, la maggior parte degli incidenti sono causati dall'errore umano. Ma per errore umano non intendo solo quelli classici: andare a velocità elevate, mancato rispetto della segnaletica, distrazioni durante la guida...

Esistono altri errori causati da un comportamento sbagliato, magari "inconscio". Mai sentito parlare di **psicologia della sicurezza stradale**? Purtroppo questo argomento nella nostra nazione, diversamente dalle altre, è poco conosciuto e spesso sottovalutato.

Innanzitutto c'è da definire che alcuni problemi caratteriali, anche quelli minimi (poco o tanto ne soffrono tutti) tipo l'ansia o lo stress, possono influire negativamente sul comportamento della guida, con conseguente pericolo alla sicurezza stradale per il conducente e per gli altri.

Veniamo ad un esempio tipico: la **furia stradale**. A chi è che non è mai capitato di perdere le staffe al volante? Oppure un altro discorso più comune è quello dell'egoismo durante la guida. Magari a qualcuno è successo di rado e in modo lieve e non ha causato problemi di sicurezza, poiché non ha influito sul comportamento, infatti come ti ho spiegato in precedenza, siamo tutti un pochino vittime dello stress o dell'ansia, ma non sempre comporta problemi nella guida. Ma ce ne sono altri a cui capita spesso e magari si ripercuote proprio sulla sicurezza stradale.

Questi spiacevoli episodi di furia stradale possono capitare principalmente a persone che guidano spesso in condizioni di traffico, ma spesso contribuiscono anche altre situazioni non attinenti, tipo: il lavoro, la famiglia…

I comportamenti di guida negativi che ne conseguono e che sicuramente anche tu ne sei "incappato" qualche volta, sono tanti.

Prendiamo un esempio classico: il cambio di corsia continuo. Quante volte hai visto questa situazione, ad esempio in caso di elevato traffico autostradale. Sembra sempre che la corsia su cui non viaggi scorre più velocemente dell'altra, quando poi in realtà la velocità media è praticamente la stessa! E anche se "l'apparenza inganna" cambiamo continuamente corsia, comportamento che causa pericolosi incidenti stradali per le disattenzioni alla visibilità dei veicoli che ci precedono.

Inoltre questo comportamento continuo, segno evidente anche di egoismo di cui ti ho parlato, oltre ad essere inutile, comporta a stancare la mente e aumentare lo stress che influisce negativamente sulla salute e si ripercuote ancora di più sulla furia stradale.

Purtroppo il traffico è una cosa frustrante ma quando ci si trova dentro qualsiasi "escamotage" per evitarlo è inutile e costituisce pericolo per tutti! Quindi se ci sei dentro rassegnati, se sei in compagnia parla con gli altri oppure ascolta un po' di musica, avendo cura di non "cadere" in distrazioni di cui ti ho parlato in precedenza.

Esistono però azioni preventive al traffico, come svegliarsi un po' prima la mattina. Anche se può sembrarti faticoso alzarti un'ora prima per andare a mare ad esempio, è molto più faticoso passare il doppio delle ore nel traffico. Potresti evitare di viaggiare nei periodi a "bollino rosso" di traffico, scegliendo giorni meno congestionati o se proprio non è possibile favorendo percorsi alternativi (con le tecniche che ti ho illustrato in precedenza) oppure i mezzi di trasporto pubblici.

Un'ottima soluzione per "guarire" in generale dalla furia inducendoti alla calma, consiste nell'utilizzare **tecniche di rilassamento**; naturalmente non le devi adottare durante la guida, magari potresti dedicare dieci minuti al giorno, ne otterresti un completo ed efficace beneficio mentale e fisico, utile a tutto, non solo alla guida.

La tecnica più diffusa e più semplice per il rilassamento mentale, che puoi fare da solo, si chiama training autogeno. Come dice la parola stessa è una tecnica che auto-induce alla calma, ideale per attenuare disturbi d'ansia e stress, ma non solo, favorisce centinaia di benefici mentali e fisici. In rete troverai centinaia di siti che illustrano questa famosa tecnica, in ogni caso te la sintetizzo in poche righe.

Va applicata in un luogo silenzioso e tranquillo, possibilmente disteso a letto. L'abbigliamento deve essere molto comodo e con gli occhi chiusi devi ripetere mentalmente alcune frasi del tipo:

- Sono calmo… Perfettamente calmo…
- Il mio respiro è calmo e regolare…
- Mi sento calmo e tranquillo …
- Il mio respiro diventa sempre più profondo…
- Sono molto calmo, molto tranquillo…

Ciascuna di queste frasi va ripetuta mentalmente per due o tre volte, intervallate da brevi pause e al termine si fa un profondo respiro e si resta in attesa qualche istante prima di alzarsi dal letto.

In realtà il training autogeno è composto da tutta una serie di esercizi. Ti ho sintetizzato quello principale, che comunque garantisce ottimi risultati se applicato per dieci minuti ogni giorno. In ogni caso, se sei interessato a tecniche per entrare in stati di rilassamento profondo e gestire lo stress della vita quotidiana, ti consiglio vivamente l'ebook Ipnosi Segreta di Giacomo Bruno, che contiene i segreti e le strategie dei più grandi ipnotisti del mondo.

SEGRETO n. 6: la furia stradale, causa di incidenti, va controllata con esercizi di rilassamento.

RIEPILOGO DEL GIORNO 3:

- SEGRETO n. 1: la distanza di sicurezza aumenta notevolmente in caso di pessime condizioni meteo.

- SEGRETO n. 2: non trascurare l'attenzione e la prudenza durante la guida in pessime condizioni meteorologiche.

- SEGRETO n. 3: aggiornati col sito Autostrade sulla situazione del traffico, causa frequente di incidenti e valuta percorsi alternativi.

- SEGRETO n. 4: utilizza il sito Autostrade per aggiornarti sulle condizioni meteo delle strade da percorrere.

- SEGRETO n. 5: esercitati con i quiz della patente online per essere sempre aggiornato con il codice della strada.

- SEGRETO n. 6: la furia stradale, causa di incidenti, va controllata con esercizi di rilassamento.

GIORNO 4:

Risparmio e pochi rischi con manutenzione

La manutenzione del tuo veicolo è una operazione che devi fare periodicamente e che oltre ad aumentare la sicurezza nella guida, contribuisce anche a un risparmio economico e a un minore inquinamento ambientale.

Non pensare che siano operazioni costose da fare, la maggior parte di esse le puoi fare tranquillamente tu in modo frequente, senza andare necessariamente dalla casa costruttrice e poi ricorda una cosa fondamentale: **più spendi per la manutenzione del tuo veicolo e più risparmi**.

Te lo dimostro subito con un esempio pratico. Normalmente una casa costruttrice prevede la **sostituzione dell'olio** del motore ogni 10.000 km. Parecchie persone superano notevolmente questo limite e magari utilizzano un olio economico, per risparmiare. Questa è una delle classiche situazioni in cui più spendi e più risparmi. L'olio è fondamentale per la durata e l'affidabilità del motore. È dimostrato che con una corretta guida e una frequente sostituzione dell'olio del motore con un prodotto di qualità, la sua durata sarà garantita tantissimi anni. Personalmente faccio fare il cambio d'olio ogni 7.000 km facendo mettere quello di qualità superiore e non ho mai avuto problemi, inoltre è bene sostituire il filtro dell'olio a cambi alterni.

Un mio amico faceva di rado il cambio d'olio e utilizzava quello più scadente per risparmiare ed in pochi anni ha dovuto rettificare la testata del motore e sostituire altri meccanismi interni che lo hanno portato ad un'enorme spesa e nonostante ciò presenta ancora problemi: consumi elevati, prestazioni inferiori, continui problemi meccanici...

SEGRETO n. 1: la manutenzione del veicolo porta ad una maggiore sicurezza e a un notevole risparmio economico.

Prima di continuare tengo a dirti che la periodicità della manutenzione e della sostituzione delle parti del tuo veicolo dipende da cinque fattori:

- tipo di guida;

- chilometri percorsi;

- tempo trascorso dall'ultima sostituzione o controllo;

- alimentazione veicolo: benzina, diesel, gas ecc;

- esigenze della casa costruttrice.

Ad esempio, mediamente la **cinghia di distribuzione** va sostituita ogni 120.000 km, ma questo non significa che se percorri solo 10.000 km l'anno dovrai sostituirla dopo 12 anni! Comunque è necessario sostituirla ogni cinque anni, indipendentemente dai chilometri percorsi oppure alcune case costruttrici esigono una sostituzione ogni 100.000 km, pertanto dovrai sempre far riferimento al libretto di manutenzione fornito, che in genere si trova nel cruscotto.

Un altro fattore indicato è il tipo di guida, ad esempio, i freni possono usurarsi più in fretta se hai la tendenza a brusche frenate oppure abiti in strade di montagna.

SEGRETO n. 2: la periodicità della manutenzione varia con: il tempo, i chilometri, il tipo di guida, l'alimentazione del veicolo e le esigenze della casa costruttrice.

Ritornando al discorso del risparmio sulla manutenzione, che porta solo a perdite, un altro esempio classico sono proprio i **freni** anch'essi fondamentali per la sicurezza. Normalmente le pastiglie dei freni andrebbero sostituite tra i 15.000 e i 30.000 km, in base a diversi fattori illustrati (in ogni caso te ne accorgi dal rumore che viene emesso in frenata o dalla corrispondente spia del cruscotto).

Parecchie persone, per pigrizia o per risparmiare, quando giunge il momento, non li vanno a sostituire e non sanno che questa mancanza comporta un danno non indifferente. Questo perché le pastiglie dei freni costano poco, il prezzo si può aggirare anche intorno ai 20 €, solo che quando le pastiglie sono usurate, consumano i dischi dei freni in modo spaventoso e la loro sostituzione, che normalmente può avvenire anche dopo due o tre sostituzioni di pastiglie, ti costa anche dieci volte in più rispetto ai miseri 20 €.

Una cosa importante per la sicurezza, è che quando sostituisci l'impianto frenante, per i primi chilometri è normalissimo che non siano efficienti al 100%. Quindi fa molta attenzione. Come pure ti invito ad una maggiore prudenza dopo il lavaggio del tuo veicolo, potresti avere lo stesso problema. Rimanendo nell'ambito dell'importantissimo impianto frenante, ti consiglio di verificare periodicamente il livello dell'**olio dei freni**, sono tutte operazioni illustrate in dettaglio e con figure nel libretto di manutenzione del veicolo ed è altrettanto importante la sua sostituzione che va fatta mediamente ogni 60.000 km oppure ogni 2 anni.

Esistono ancora autovetture che presentano i **freni a tamburo** anch'essi da verificare. In particolare le guarnizioni andrebbero sostituite mediamente ogni 60.000 km, ma è meglio che tu dia uno sguardo al libretto di manutenzione.

Un altro aspetto fondamentale per la sicurezza del tuo veicolo sono i **pneumatici**. La pressione delle quattro ruote e quella di scorta va verificata ogni mese a freddo (per evitare imprecisioni di misura), inoltre va regolata in base al carico dell'autovettura, secondo le indicazione del libretto di manutenzione.

La seconda cosa da verificare è l'usura dello pneumatico, operazione possibile inserendo un righello nella scanalatura dello stesso, la cui profondità non dovrebbe essere inferiore ai 2 mm. Per le auto che non hanno trazione integrale, ogni 10.000 km circa, vanno invertite le due ruote anteriori con le due posteriori, per assicurare un'usura bilanciata. Inoltre, sempre ogni 10.000 km circa, va effettuata l'operazione di convergenza ed equilibratura per assicurare stabilità e sicurezza soprattutto alle alte velocità.

Un altro aspetto della sicurezza stradale che più volte ti ho evidenziato riguarda la visibilità. Dovrai assicurarti di vedere ed essere visto in perfette condizioni. A tal proposito, mensilmente devi verificare tutto l'**impianto elettrico** della tua autovettura: luci di posizioni, fari anabbaglianti e abbaglianti, proiettori di retromarcia, luci di arresto, luci di emergenza, fendinebbia anteriori e posteriori, indicatori di direzione e luci della targa.

Oltre alla loro funzionalità, dovrai tenerli perfettamente puliti (compresi i catadiottri), inoltre, riguardo ai proiettori anabbaglianti e abbaglianti, periodicamente vanno controllati ed eventualmente regolati da officine competenti, poiché in condizioni regolari devono favorire la luminosità verso il lato destro della strada, al fine di non abbagliare i veicoli provenienti dal senso opposto di marcia.

Le **spazzole dei tergicristalli** anteriori e posteriori sono fondamentali per la visibilità e quindi per la sicurezza, quindi vanno sostituite quando noti che non risultano più efficienti, a causa della loro usura o del calore del sole. Come pure altrettanto importante è il liquido dei lavavetri, che va continuamente rabboccato con opportuno detergente, diluito in acqua.

L'ultima verifica fondamentale per la visibilità è il controllo dell'**impianto di sbrinamento**. Nella parte anteriore l'anti-appannamento viene assicurato dai diffusori d'aria, quindi in caso di anomalia, l'autovettura va tempestivamente portata da un'officina autorizzata. Nella parte posteriore va verificato periodicamente il funzionamento del lunotto termico, accendendolo per qualche minuto e notando se le resistenze a strisce si riscaldano. Inoltre i vetri vanno periodicamente puliti internamente ed esternamente con un liquido specifico in vendita anche presso gli autoricambi.

Le **sospensioni** del veicolo non sono solo utili per il comfort dei passeggeri, ma sono anche indispensabili per la tenuta di strada e quindi per la sicurezza. Infatti nel caso in cui si verificasse un'inefficienza del sistema di ammortizzazione, si creerebbe una distribuzione irregolare del carico, ad esempio nelle curve, con conseguente sovrasterzo o sottosterzo della vettura. Se mentre guidi ti accorgi che in presenza di buche diminuisce il comfort o senti forti rumori, significa che gli ammortizzatori sono scarichi e vanno immediatamente sostituiti.

Veniamo ora a un accessorio che non è più un optional nelle moderne autovetture, grazie alla sua efficienza nelle situazione di emergenza, sto parlando del famosissimo **airbag**. Parecchie persone pensano che la sua sostituzione è necessaria solo se è esploso in seguito ad un incidente. In realtà non è così, tutti gli airbag presenti nelle autovetture vanno sostituiti mediamente ogni dieci anni circa.

Inoltre l'airbag non è costituito solo dal pallone che esplode in seguito ad un violento urto. Esso è costituito da un sensore, un detonatore e da una centralina elettronica, quest'ultima genera una spia d'allarme nel cruscotto se ci sono anomalie. Pertanto, se dovessi accorgerti dell'accensione di questa spia durante la guida, ti consiglio di far verificare immediatamente l'impianto airbag presso un'officina competente. Ti ricordo che l'airbag è molto pericoloso se non si usano le cinture di sicurezza, in caso di esplosione potresti subire gravi lesioni, ragione in più per tenerle sempre allacciate.

A proposito delle **cinture di sicurezza**, probabilmente non sai che anch'esse esigono una sostituzione ogni dieci anni circa. Sono tutte procedure da non trascurare per nessun motivo, poiché questi sistemi servono a salvarti la vita.

SEGRETO n. 3: le parti indispensabili per la sicurezza da verificare sono: freni, pneumatici, sospensioni, airbag, cinture, impianto elettrico, spazzole e dispositivi di sbrinamento.

Esistono altre procedure di manutenzione per la tua vettura che non riguardano esplicitamente la sicurezza, ma comunque assicurano una lunga durata del veicolo, un risparmio economico e limitano notevolmente l'inquinamento ambientale, che influisce sulla nostra salute e quindi comunque è attinente alla sicurezza. Il **filtro dell'aria** va periodicamente pulito e comunque andrebbe sostituito ogni 25.000 km circa. Questa operazione non va per niente trascurata, poiché un filtro dell'aria sporco, oltre ad aumentare notevolmente il consumo di carburante, provoca un elevato inquinamento ambientale a causa dell'incompleta combustione del carburante.

Come pure il **filtro del carburante** va sostituito periodicamente, specie nei motori diesel, per prevenire danni all'impianto di iniezione. Sia per macchina alimentate a benzina, sia per quelle alimentate a diesel, il filtro del carburante va sostituito mediamente intorno ai 20.000 o 30.000 km. Nelle moderne autovetture ci sono le **batterie** a secco e con quelle basta solo verificare periodicamente che non vi sia ossido sui contatti.

Eventualmente i contatti vanno ripuliti con una spazzola metallica. Invece nelle vecchie batterie, per evitare un danno irreparabile, gli elementi vanno periodicamente rabboccati con acqua distillata. In ogni caso, ogni qualvolta sostituisci la batteria della tua vettura, quella vecchia non devi assolutamente buttarla nei rifiuti poiché comporta seri danni ambientali, la tua officina di fiducia sarà lieta di ritirala.

Le **candele** del motore della tua automobile vanno sostituite mediamente ogni 60.000 km, al fine di assicurare delle buone prestazioni al motore, limitare l'inquinamento ambientale e ridurre i consumi del carburante. Se intendi sostituirle tu, ricorda di andare da un autoricambi con il libretto di manutenzione della tua automobile, dove sono indicati i codici relativi alle candele appropriate per il tipo di motore della tua autovettura.

Il **liquido di raffreddamento** il cui livello è importantissimo per evitare danni al motore, va verificato periodicamente ed eventualmente rabboccato con lo speciale liquido antigelo diluito in acqua. Inoltre, ogni 120.000 km circa oppure ogni cinque anni, va completamente sostituito. Ricorda che se ti dedichi tu alla sostituzione, non devi buttarlo, ma portarlo nei centri autorizzati per la raccolta, poiché è molto inquinante.

Durante la procedura di verifica dei livelli della tua automobile, verifica inoltre il livello del **liquido del servosterzo**, che non andrebbe mai sostituito (in ogni caso consulta il tuo libretto di manutenzione), va solo eventualmente rabboccato con quello indicato nello stesso libretto.

La **marmitta catalitica** che limita notevolmente le emissioni di gas nell'ambiente, va sostituita periodicamente secondo le esigenze dettate dalla casa costruttrice (vedi libretto di manutenzione).

Mediamente è prevista la sostituzione ogni 80.000 km circa, anche se andrebbe tenuto conto principalmente il tipo di guida.

SEGRETO n. 4: per risparmiare, garantire la durata del veicolo e ridurre l'inquinamento, verifica: olio motore, cinghia, filtri, batteria, candele, livelli dei liquidi e marmitta catalitica.

Infine ci sono altre procedure di manutenzione da effettuare sul proprio veicolo, se presenta un'alimentazione diversa.

Ad esempio, nel caso di motori a diesel, dovrai periodicamente effettuare la pulizia degli iniettori; nei veicoli con impianto a gas dovrai invece sostituire il serbatoio ogni cinque anni ecc.

OPERAZIONE	PERIODICITA'
VERIFICARE LIVELLI	FREQUENTEMENTE
VERIFICARE IMPIANTO ELETTRICO	FREQUENTEMENTE
VERIFICARE PRESSIONE PNEUMATICI	ogni mese
CAMBIO OLIO	ogni 10.000 km
INVERSIONE RUOTE	ogni 10.000 km
CONVERGENZA ED EQUILIBRATURA	ogni 10.000 km
SOSTITUZIONE FILTRO OLIO	ogni 20.000 km
PASTIGLIE FRENI	15.000 - 30.000 km
DISCO FRENI	ogni 2/3 sostituzioni pastiglie
SOSTITUZIONE FILTRO CARBURANTE	20.000 - 30.000 km
SOSTITUZIONE FILTRO DELL'ARIA	ogni 25.000 km
SOSTITUZIONE PNEUMATICI	ogni 40.000 km
SOSTITUZIONE CANDELE	ogni 60.000 km
SOSTITUZIONE OLIO FRENI	ogni 60.000 km oppure ogni 2 anni
SOSTITUZIONE LIQUIDO DEI FRENI	ogni 60.000 km oppure ogni 2 anni
SOSTITUZIONE MARMITTA CATALITICA	ogni 80.000 km
SOSTITUZIONE CINGHIA DI DISTRIBUZIONE	ogni 120.000 oppure ogni 5 anni
SOSTITUZIONE LIQUIDO DI RAFFREDDAMENTO	ogni 120.000 oppure ogni 5 anni
SOSTITUZIONE AIRBAG E CINTURE	ogni 10 anni

N.B. La periodicità varia secondo le esigenze della casa costruttrice
Attenersi a quella indicata nel libretto di manutenzione

Le procedure di manutenzione indicate non vanno trascurate neanche se porti periodicamente l'auto a fare i regolari tagliandi di manutenzione presso la casa costruttrice. Poiché questi tagliandi non sono comunque frequenti, mediamente ogni sei mesi e nei paragrafi precedenti ti ho elencato operazioni da fare mensilmente.

Come hai visto nei paragrafi precedenti esistono diverse procedure di manutenzione, come la sostituzione delle candele, il filtro dell'aria… che oltre ad assicurare una lunga durata al tuo veicolo, ti consentono un **risparmio di carburante** sostanzioso, che significa soldi in più.

Personalmente mi sono sempre occupato di crescita finanziaria, probabilmente già lo sai se hai sentito parlare oppure se hai letto i miei precedenti ebook Guadagnare con Emule e Youtube e Press Advertising e ho voluto appunto approfondire questo argomento del risparmio poiché se con le dovute tecniche (comportamenti corretti alla guida, manutenzione…) riesci a economizzare il carburante (il cui prezzo è continuamente in aumento), a fine anno hai comunque realizzato una rendita economica extra, cioè soldi in più che puoi sfruttare per altri acquisti personali: comprare abiti, cellulari, iPod ecc.

Innanzitutto, quando metti in moto l'auto non c'è bisogno di accelerare per riscaldare il motore e non c'è bisogno neanche di aspettare un po' di tempo prima di partire, basta che a freddo eviti brusche accelerazioni. Se è necessario accelerare perché il motore della tua macchina si spegne, vuol dire che devi farlo revisionare, poiché non assicura il "minimo". Anche nella partenza da fermo non c'è bisogno di accelerare tanto, anzi, nelle moderne autovetture a iniezione elettronica, compresa quella a benzina, basta staccare leggermente il piede dalla frizione senza accelerare e vedrai che la macchina partirà senza spegnersi, grazie alla centralina che regola elettronicamente l'accelerazione ed il minimo.

In condizioni di traffico, in presenza di passaggi a livello oppure in qualsiasi altra situazione in cui è prevista una lunga attesa, prendi l'abitudine di **spegnere il motore**, risparmi soldi e la natura ti ringrazierà.

In generale è meglio evitare di usare i comandi bruscamente, in particolare il freno e l'acceleratore. Vanno usati con morbidezza senza "affondare" troppo il piede, in particolare quello dell'acceleratore. Usando quest'ultimo correttamente, oltre al risparmio assicuri una maggiore durata al tuo motore.

Inoltre è inutile accelerare se più avanti devi fermarti o devi rallentare per via di un incrocio, provochi anche una maggiore usura dei freni. Infine andare ad alta velocità comporta solo un consumo eccessivo di carburante.

SEGRETO n. 5: risparmia il carburante evitando brusche frenate e forti accelerazioni e spegni il motore in caso di lunghe soste.

Tenere i finestrini aperti comporta un consumo maggiore di carburante, risulta più economico accendere l'aria condizionata, anche se questo dispositivo aumenta i consumi. Perciò l'impianto di climatizzazione va tenuto acceso solo il minimo indispensabile, evitando soprattutto le temperature glaciali, che d'altronde fanno molto male alla salute. L'ideale sarebbe impostare la temperatura interna a non più di tre gradi in meno rispetto a quella esterna. Periodicamente, risulta molto economico, alterare l'aria condizionata con le ventole, inoltre tieni sempre puliti i filtri dell'aria.

Particolare attenzione va fatta per i carichi, che comportano un elevato consumo di carburante. Innanzitutto evita i carichi inutili, inoltre il portabagagli toglilo quando non lo devi più utilizzare. L'ideale sarebbe non utilizzarlo proprio, poiché comporta un elevato attrito aerodinamico. Se è proprio indispensabile, ti consiglio di acquistare uno degli ultimi modelli che presentano una forma aerodinamica, cioè più bassi in avanti e più alti indietro.

SEGRETO n. 6: risparmia moderando l'apertura dei finestrini, l'aria condizionata e i carichi eccessivi.

Come ti ho già spiegato, anche la manutenzione dell'autovettura comporta un risparmio del carburante. In particolare i pneumatici se hanno un pressione insufficiente, comportano ad un maggior consumo di carburante. Per questo devi verificarla ogni mese.

Già in precedenza ti ho spiegato che nel sito di Autostrade, in particolare nella sezione Aree di Servizio puoi conoscere, dopo aver impostato l'itinerario interessato, informazioni sui distributori che hanno il prezzo del carburante più economico.

Inoltre essere aggiornati sul prezzo del carburante consente un elevato risparmio. Quando vai a fare benzina e vedi che il distributore del quale ti stai servendo presenta un prezzo alto, evita di metterne troppa, rifornisciti solo di quella necessaria, assicurati però di non rimanere a piedi, tieni sempre conto di qualche emergenza! Invece, quando scopri che il distributore ha un prezzo conveniente, non esitare a fare il pieno, sarà costoso, ma ne otterrai un ottimo ritorno.

Se non sei in autostrada, magari sei in città, ti consiglio di fare un bel pieno presso i distributori self service. Anche se la differenza sembra poca, a fine anno avrai risparmiato veramente tanto.

SEGRETO n. 7: favorisci il rifornimento di carburante sui self service e sulle aree di servizio indicate dal sito Autostrade.

Ritornando al discorso dell'accelerazione è bene evitare di "tirare" eccessivamente le marce, ma comunque non cambiarle a un valore di giri del motore troppo basso, anche in questo caso comporta ad un aumento di consumo del carburante.

Per conoscere il valore ideale di giri del motore in cui cambiare marce devi conoscere il concetto di **coppia massima**. Il regime di coppia massima indica l'intervallo di giri in cui il motore fornisce la sua forza massima. Proprio in questo intervallo si ottiene la massima efficienza del motore, pertanto rimanendo su questi giri otterrai un notevole risparmio.

Puoi conoscere il regime di coppia massima del motore della tua autovettura, consultando il libretto di manutenzione. Normalmente questo valore si aggira intorno ai 2.500 RPM (rotazioni per minuto).

SEGRETO n. 8: cambia marcia in corrispondenza alla coppia massima del motore.

Ti dico subito per esperienza personale che tutti questi piccoli ma efficaci consigli, messi insieme, ti assicurano un risparmio di carburante veramente elevato già dopo un mese, immagina dopo un anno!

RIEPILOGO DEL GIORNO 4:

- SEGRETO n. 1: la manutenzione del veicolo porta a una maggiore sicurezza e a un notevole risparmio economico.

- SEGRETO n. 2: la periodicità della manutenzione varia con: il tempo, i chilometri, il tipo di guida, l'alimentazione del veicolo e le esigenze della casa costruttrice.

- SEGRETO n. 3: le parti indispensabili per la sicurezza da verificare sono: freni, pneumatici, sospensioni, airbag, cinture, impianto elettrico, spazzole e dispositivi di sbrinamento.

- SEGRETO n. 4: per risparmiare, garantire la durata del veicolo e ridurre l'inquinamento, verifica: olio motore, cinghia, filtri, batteria, candele, livelli dei liquidi e marmitta catalitica.

- SEGRETO n. 5: risparmia il carburante evitando brusche frenate e forti accelerazioni e spegni il motore in caso di lunghe soste.

- SEGRETO n. 6: risparmia moderando l'apertura dei finestrini, l'aria condizionata e i carichi eccessivi.

- SEGRETO n. 7: favorisci il rifornimento di carburante sui self service e sulle aree di servizio indicate dal sito Autostrade.

- SEGRETO n. 8: cambia marcia in corrispondenza alla coppia massima del motore.

GIORNO 5:

Affrontare con successo gli imprevisti

Giunti a uno tra i capitoli fondamentali di questa guida, voglio porti una domanda. Secondo te nelle situazioni di emergenza cos'è che ti salva? La risposta apparentemente ovvia sembra il freno.

Non posso dirti di no. Questo è il comando fondamentale per la guida e soprattutto per la sicurezza, ma è anche un'arma a doppio taglio. Prima di spiegarti il perché voglio farti riflettere su un'altra cosa. Mettiamo che mentre sei alla guida, a causa della pioggia o per altre ragioni perdi il controllo del veicolo in curva, che comincia a sbandare. Credi davvero che il freno possa riallineare il tuo veicolo? Penso proprio che schiacciare il freno con più forza non farà altro che peggiorare la situazione! La risposta è che i veri organi di controllo della tua autovettura sono il volante e l'acceleratore. Probabilmente ti stupirà questa risposta, ma tra poco capirai il perché. Prima procediamo per ordine. Nei capitoli precedenti ti ho parlato di quanto sia importante la distanza di sicurezza e ti ho anche illustrato una formula per calcolarla. Ti ho inoltre spiegato che la distanza di sicurezza in condizioni di fondo stradale sfavorevole (pioggia o addirittura ghiaccio) può essere superiore fino a sedici volte. Questo perché? Semplicemente perché la tua autovettura rallenta meglio con le ruote in rotazione che con le ruote bloccate, poiché in quest'ultimo caso hanno meno aderenza con il fondo stradale. Inoltre con le ruote bloccate il volante non risponderà ai comandi e quindi non riuscirai a sterzare le ruote.

Il problema potrebbe essere risolto se la tua autovettura fosse provvista del sistema ABS che nei prossimi paragrafi ti illustrerò nel dettaglio. Ma per ora mettiamo che non sia presente sulla tua autovettura.

Se ti trovi in una situazione regolare, cioè non devi arrestarti immediatamente, puoi azionare il pedale del freno senza una forte pressione e contemporaneamente ti servirai dell'ausilio del freno motore, scalando le marce, in questo modo otterrai un rallentamento con meno rischi di bloccaggio delle ruote e limiterai inoltre l'usura dei freni.

Invece, nel caso di una situazione in cui occorra una **frenata di emergenza**, dovrai premere a fondo il pedale del freno e non dovrai scalare le marce (poiché non avresti il tempo) e inoltre dovrai schiacciare anche il pedale della frizione per evitare che si spenga la macchina (che comporterebbe il mancato funzionamento del servofreno e del servosterzo, entrambi indispensabili per gestire l'emergenza). Nel caso in cui si verifichi il bloccaggio delle ruote, dovrai immediatamente alleggerire la pressione sul pedale del freno, affinché le ruote riacquistino aderenza.

SEGRETO n. 1: in caso di bloccaggio delle ruote in seguito ad una frenata, alleggerisci la pressione sul pedale, per riacquistare aderenza.

Mettiamo ti trovassi in un'altra situazione d'emergenza: la presenza di un **ostacolo stradale**, tipo una buca oppure un oggetto presente in strada. Anche in questo caso dovrai utilizzare la precedente tecnica per frenare in caso di emergenza, cioè schiacciare in fondo e alleggerire la pressione sullo stesso pedale in caso di bloccaggio. Sarà proprio in questo istante che riuscirai a riacquistare il controllo delle ruote, in cui dovrai sterzare per evitare l'ostacolo.

Ricorda che normalmente una minima variazione del volante costituisce un grande spostamento del veicolo che sarà maggiore specie a velocità più alte, col rischio possibile di testacoda. Perciò ti raccomando di non sterzare troppo in queste situazioni. Ti dico inoltre che evitare gli ostacoli è molto pericoloso. Poiché nelle situazioni di emergenza, difficilmente hai il tempo di guardare negli specchietti laterali la presenza di altri veicoli oppure la presenza di una moto, quindi corri il rischio di urtare lateralmente.

SEGRETO n. 2: per evitare un ostacolo durante una frenata di emergenza, sterza quando alleggerisci la pressione sul freno e riprendi aderenza con le ruote.

Un altro pericolo in agguato in presenza di fondi stradali sfavorevoli, in particolare in seguito a pioggia, è il fenomeno dell'**aquaplaning**. In pratica questo fenomeno provoca il galleggiamento delle ruote su un eccessivo strato d'acqua che si forma normalmente in strada in caso di pioggia. Questo fenomeno è provocato anche dall'usura dei pneumatici, che presentano intagli meno profondi e di conseguenza non riescono a far defluire tutta l'acqua. Questo fenomeno peggiora inoltre alle alte velocità ed è molto rischioso in curva poiché può comportare il fenomeno del sovrasterzo o del sottosterzo.

Per evitare rischi è necessario evitare manovre brusche, bisogna anche evitare di "scansare" le parti di strada eccessivamente allagate, dovrai solo decelerare gradualmente e mantenere (in condizioni di sicurezza) il veicolo diritto evitando spostamenti anche minimi, poiché come ti ho accennato il pericolo cresce in curva. Naturalmente ci sono anche azioni preventive al fine di evitare questo fenomeno: verificare l'usura dei pneumatici e limitare la velocità in presenza di pioggia anche se si viaggia su asfalto drenante, che al contrario di quello che si crede, non garantisce affatto una maggiore aderenza tra pneumatico e fondo stradale, serve solo ad evitare che rimbalzino gli schizzi d'acqua, per garantire una migliore visibilità al guidatore.

SEGRETO n. 3: durante l'aquaplaning evita spostamenti e rallenta gradualmente.

Come vedi queste situazioni di emergenza sono tutte causate dalla velocità. Non a caso la velocità è in vetta alle classifiche della cause più frequenti di incidenti, con elevato indice di mortalità.

Purtroppo la guida a elevate velocità è spesso causata anche dalla eccessiva potenza del veicolo che guidi. Sappiamo tutti che il limite di velocità massimo delle strade Italiane è 130 km/h e in alcuni tratti autostradali arriva fino a 150. Questo che significa? Che anche una vettura avente cilindrata pari a 1.100 è al limite di potenza.

Invece oggigiorno difficilmente si trovano in giro autovetture di cilindrata inferiore a questo valore, anzi il 1.100 corrisponde quasi al minimo, rispetto alle 4.000 e 5.000! Questo discorso deve farti ragionare nella scelta d'acquisto di un'automobile. La velocità è la più alta causa di morte e se neanche questo discorso ti convince ricorda che oramai le nostre strade sono "sorvegliatissime" dai sistemi tutor ed autovelox, quindi evita di acquistare un'automobile di cilindrata estremamente elevata, rischi solo di "cadere in tentazione", specie nei lunghi viaggi. Inoltre un'autovettura di alta cilindrata comporta un aumento del consumo di carburante anche a basse velocità, stessa cosa per l'inquinamento ambientale e non pensare che il catalizzatore elimini al 100% i gas inquinanti. Senza contare inoltre il costo della manutenzione: ruote, pezzi di ricambio, parti del motore... tutte sono più costose e si aggiunge inoltre il costo maggiore della tassa di circolazione. Questo non significa che non devi avvicinarti alle auto di "lusso". Se devi acquistare una Mercedes puoi tranquillamente farlo, però non è necessariamente indispensabile scegliere quella col motore di cilindrata 5.400, è di lusso anche quella 1.800!

SEGRETO n. 4: è molto svantaggioso acquistare autovetture di grossa cilindrata.

Non sono un moralista, ma preferisco avere un'auto dalle prestazioni inferiori e con tutti i soldi risparmiati, preferisco godermi una favolosa vacanza! In breve, andare a forti velocità non guadagni proprio niente, anzi, hai solo da perdere:

- Consumo maggiore, che aumenta esponenzialmente con la velocità.

92

• Rischio elevato di incidenti, con tutte le tragiche conseguenze: feriti e decessi.

• Minore durata del veicolo, a causa della rapida usura di tutte le parti meccaniche.

• Rischio di multe elevate (fino a 2.000 euro), decurtazione dei punti (fino a 10), ritiro e sospensione della patente. Il territorio Italiano è completamente coperto da autovelox e tutor, nessuno può sfuggire. Inoltre da quando sono stati installati questi sistemi si è registrato una elevata riduzione di incidenti, feriti e decessi.

• Rischio di sicurezza anche per gli altri, con conseguenze penali.

• Non si guadagna tempo, comunque devi fermarti a causa dei semafori, caselli autostradali, passaggi a livello, traffico…

• Correre, strombazzare, lampeggiare con gli abbaglianti, stizzirsi… sono tutti fattori che aumentano l'aggressività interiore, lo stress, l'ansia e il continuo senso di insoddisfazione.

SEGRETO n. 5: andare a forte velocità non fa guadagnare tempo e comporta solo gravissimi problemi.

Ritorniamo ora al discorso degli imprevisti stradali. Già nei capitoli precedenti, ti ho accennato diverse volte il discorso di sovrasterzo e sottosterzo. Vediamoli ora un po' più nel dettaglio.

Come hai già visto, il **sovrasterzo** è dovuto a una perdita di aderenza delle ruote posteriori, causato da una frenata oppure da una forte decelerazione in curva, che comporta lo spostamento del peso nella parte anteriore del veicolo, a un conseguente restringimento della curva e a un possibile testacoda della autovettura.

Purtroppo, nelle situazioni di emergenza l'istinto non è per niente intelligente! Ad esempio se hai di fronte un ostacolo e frenando sbandi, gli occhi tenderanno a guardare l'ostacolo e di conseguenza ad andarci contro!

Questo è quello che frequentemente accade durante il sovrasterzo. Ad esempio, stai percorrendo con la tua auto a trazione anteriore una curva a destra e premi il pedale del freno, il carico si sposta in avanti e la vettura comincia ruotare in senso orario dirigendosi verso il guard rail (la barriera della strada), a questo punto cosa faresti? Purtroppo l'istinto tende a farti guardare l'ostacolo, in questo caso il guard rail e siccome quando guidi conduci la vettura dove guardi, ecco che vai a sbattere proprio sul guard rail.

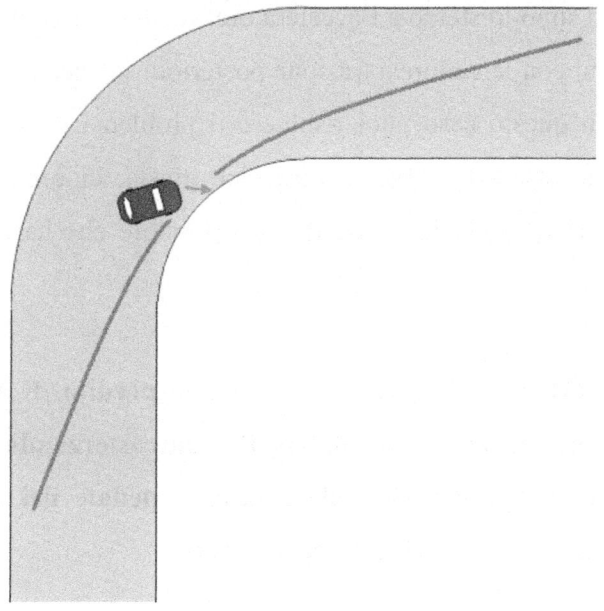

E da qui la soluzione per gestire questo diffuso imprevisto: la prima cosa da fare è **controsterzare verso la direzione da percorrere,** in questo caso è quella della strada. Immediatamente dovrai lasciare il pedale del freno che ha causato il sovrasterzo e magari servirti dell'acceleratore per aiutarti ad allineare la tua vettura.

Ecco perché come ti spiegavo in precedenza i veri organi di controllo sono lo sterzo e l'acceleratore. Il sovrasterzo può inoltre verificarsi con le vetture a trazione posteriore se acceleri in curva. Anche in questo caso puoi risolvere il problema con la tecnica della controsterzata verso la direzione giusta, cioè quella della strada e rilasciando il pedale dell'acceleratore che ha causato il problema.

SEGRETO n. 6: il sovrasterzo, cioè la perdita di aderenza delle ruote posteriori va contrastato controsterzando verso la direzione da percorrere, rilasciando il pedale del freno ed eventualmente servirti dell'acceleratore.

Il **sottosterzo** si verifica quando si perde aderenza con le ruote anteriori, causato ad esempio percorrendo una curva ad accelerazione elevata, che comporta uno spostamento del peso nella parte posteriore e ad un allungamento della curva. In questa situazione è necessario innanzitutto decelerare, che è la causa del problema. Però la decelerazione deve avvenire non bruscamente ma gradualmente, né tanto meno bisogna frenare, poiché potresti sbandare col veicolo. In questo modo avverrà di nuovo lo spostamento di carico nella parte anteriore, le ruote riprenderanno aderenza e tu potrai col volante riprendere la giusta direzione, ma fa attenzione anche in questa circostanza a non farti ingannare dall'istinto... la direzione giusta è quella della strada!

SEGRETO n. 7: il sottosterzo, cioè la perdita di aderenza delle ruote anteriori, va contrastato decelerando gradualmente e riprendendo la direzione da percorrere.

Come ti ho già illustrato nei capitoli precedenti, per affrontare una curva in sicurezza, devi rallentare prima di imboccarla, come pure non devi accelerare bruscamente durante questi tratti poiché lo spostamento del carico nella parte posteriore del veicolo porterebbe a un conseguente allargamento della traiettoria del veicolo. Se per sbaglio dovesse capitarti questa situazione, la migliore cosa da fare per **rimediare alla frenata in curva** consiste nel controsterzare verso la direzione da percorrere e se non ci sono altri problemi devi rilasciare il pedale del freno che ha causato lo sbandamento. Anche in questo caso, naturalmente in condizioni di sicurezza, puoi servirti dell'ausilio dell'acceleratore per riallineare rapidamente il veicolo.

SEGRETO n. 8: sfrutta la stessa tecnica del sovrasterzo per rimediare a una frenata in curva.

Finora ti ho illustrato le manovre fondamentali per prevenire situazioni di emergenza, ipotizzando che il tuo veicolo fosse sprovvisto di sistemi di sicurezza. Fortunatamente la tecnologia si evolve anche nell'ambito dell'affidabilità, soprattutto con l'invenzione di alcuni sistemi elettronici per la sicurezza e la stabilità.

I principali sistemi elettronici di sicurezza sono tre:
- ABS;
- ASR;
- ESP.

ABS è un acronimo che sta per Antilock Braking System cioè sistema antibloccaggio di frenata. In pratica questo dispositivo consente di frenare evitando il bloccaggio delle ruote, in questo modo si accorciano notevolmente gli spazi di frenata e si ha una maggiore stabilità. Inoltre il guidatore non deve preoccuparsi di dover rilasciare il freno, anzi parecchie persone (causa diffusa di incidenti) quando lo schiacciano a fondo, dopo un po' lo rilasciano poiché il sistema ABS quando è in funzione provoca dei rapidi colpi al pedale del freno. In questa circostanza si dovrà tenere il pedale del freno schiacciato al massimo e contemporaneamente potrai pure eventualmente sterzare per evitare un ostacolo, senza rilasciare il freno come avresti fatto con un veicolo sprovvisto di ABS.

Perciò prima di guidare una vettura che non è tua, informati se possiede l'ABS per capire come devi gestire un'eventuale frenata di emergenza.

L'ABS funziona grazie ai sensori di velocità presenti nelle ruote e grazie ad una centralina che gestisce l'impianto frenante affinché le ruote non si blocchino in frenata e assicurando loro la stessa velocità. In questo modo aumenta sia la stabilità, sia la riduzione dello spazio di frenata.

Esistono però alcune situazioni del fondo stradale, tipo la neve o il fango, dove ti sembrerà strano, ma la frenata risulta più efficace se le ruote si bloccano. Questo perché se la ruota si blocca accumula tutto il suddetto materiale presente sul fondo stradale (neve, fango…) creando un cumulo utile all'arresto del veicolo.

Se il tuo veicolo provvisto di ABS presenta un interruttore per disabilitarlo, ti consiglio di farlo in queste situazioni. Fortunatamente i nuovi sistemi ABS hanno addirittura la possibilità di sondare il fondo stradale e attuare in queste situazioni un minimo di bloccaggio, indispensabile ad assicurare una frenata d'emergenza.

ASR è un acronimo di Acceleration Slip Regulation, cioè regolazione slittaggio accelerazione. In pratica l'ABS agisce durante la fase di frenata, quest'altro sistema elettronico agisce durante l'accelerazione, evitando in questa fase lo slittaggio delle ruote motrici. Questo sistema è costituito da un sensore per ogni ruota motrice, collegato a una centralina che misura la velocità delle singole ruote e quella del veicolo, agendo sul comando dei freni per equilibrare la velocità su ciascuna di esse, frenando su quelle che slittano. Inoltre questo sistema consente di evitare il sovrasterzo (perdita di aderenza delle ruote posteriori) nei veicoli a trazione posteriore.

Infine le versioni moderne di questo efficacissimo sistema, oltre a comandare l'impianto frenante, agiscono pure sul motore, decelerando l'alimentazione. Anche questo sistema, come pure l'ABS spiegato in precedenza, presenta svantaggi in presenza di alcuni particolari fondi stradali, tipo la neve. In questa situazione, normalmente le ruote slittano a causa della scarsa aderenza e l'ASR farà il suo dovere agendo sul freno evitando lo slittaggio.

Ma in queste situazioni è proprio lo slittaggio che favorisce la partenza, poiché preleva tutto il materiale del fondo stradale, ad esempio la neve, che consentirà all'intaglio dello pneumatico di assicurare la giusta aderenza necessaria alla partenza del veicolo.

Anche in questo caso, se il tuo veicolo dispone di un interruttore per disabilitare l'ASR ti consiglio di disattivarlo in queste situazioni. In ogni caso, anche per le ultime versioni di ASR è previsto un sensore che rileva il tipo di fondo stradale che gestisce questo piccolo inconveniente.

L'ultimo sistema, che è probabilmente il più importante è l'**ESP** che sta per Electronic Stability Program cioè programma elettronico di stabilità.

È un potentissimo sistema elettronico di controllo che agisce nel caso di sbandata, regolando l'accelerazione e la frenata delle singole ruote. È particolarmente utile sia per il sovrasterzo, sia per il sottosterzo.

Anche questo dispositivo è costituito da un sensore di velocità per ogni singola ruota e da un sensore di direzione dello sterzo collegati a una centralina. In pratica il sensore dello sterzo indicherà alla centralina la direzione che intende percorrere il guidatore, in modo che in caso di sbandata, rilevata attraverso il sensore di velocità delle singole ruote, la centralina correggerà l'imprevisto, sia agendo sui singoli freni delle ruote, sia diminuendo la potenza del motore.

Ricapitolando, l'ABS evita il bloccaggio delle ruote in frenata, l'ASR evita lo slittamento delle stesse in accelerazione e l'ESP corregge lo sbandamento del veicolo. Questi sono i veri e indispensabili "optional" che deve avere la tua vettura. Si calcola che questi sistemi ogni anno salvano la vita migliaia di persone, perciò ti consiglio assolutamente di acquistare un'auto con questi dispositivi elettronici.

SEGRETO n. 9: ABS, ASR e ESP sono i più importanti optional delle automobili.

Però possedere questi sistemi di sicurezza non deve assolutamente incitarti a una guida più veloce o sciolta. Devi considerarli sistemi secondari che vengono dopo le regole dettate dal buon senso, dalla prudenza e dalle tecniche di sicurezza indicate nelle pagine precedenti. Un'altra situazione di emergenza da gestire, riguarda lo **scoppio dello pneumatico** a una velocità alta. Premesso che se possiedi pneumatici tubeless in condizioni ottimali, difficilmente ti accorgerai della foratura, anzi si sgonfieranno a veicolo fermo. Potresti avere problemi nel caso in cui tu abbia percorso con la ruota un ostacolo, ma anche questa situazione dovrebbe essere improbabile, specie dopo aver letto la parte della visibilità a distanza, ricordi?

Escludendo tutte queste cose, mettiamo ti trovassi in una situazione in cui perdi bruscamente la pressione di una ruota e non avessi i dispositivi di sicurezza ESP che corregge lo sbandamento del veicolo, che fare? Innanzitutto, devi mantenere la calma.

Le tecniche per gestire questa emergenza non sono diverse da quelle dettate in precedenza. Evita di frenare bruscamente, fornendo una pressione moderata sul freno e segui sempre la traiettoria della strada. Mi spiego meglio, se lo scoppio dello pneumatico ti porta bruscamente verso il guard rail presente a destra, svolta dolcemente il volante verso sinistra e viceversa. L'importante è che tu non segua lo sguardo se ti porta a vedere l'ostacolo e di conseguenza ad andargli incontro, ciò che devi guardare è la strada, perché è quella la direzione da seguire.

Dopo aver rallentato il veicolo, accosta sul margine destro, avendo cura di non costituire pericolo per te o per gli altri fermandoti in quel posto. Prima di sostituire la ruota, ricordati di mettere il triangolo a debita distanza e di indossare il giubbotto rifrangente a elevata visibilità che obbligatoriamente devi avere in auto e soprattutto deve essere a norma di legge.

SEGRETO n. 10: in caso di scoppio dello pneumatico rallenta gradualmente e controsterza il veicolo verso il margine destro della strada.

RIEPILOGO DEL GIORNO 5:

- SEGRETO n. 1: in caso di bloccaggio delle ruote in seguito a una frenata, alleggerisci la pressione sul pedale, per riacquistare aderenza.

- SEGRETO n. 2: per evitare un ostacolo durante una frenata di emergenza, sterza quando alleggerisci la pressione sul freno e riprendi aderenza con le ruote.

- SEGRETO n. 3: durante l'aquaplaning evita spostamenti e rallenta gradualmente.

- SEGRETO n. 4: è molto svantaggioso acquistare autovetture di grossa cilindrata.

- SEGRETO n. 5: andare a forte velocità non fa guadagnare tempo e comporta solo a gravissimi problemi.

- SEGRETO n. 6: il sovrasterzo, cioè la perdita di aderenza delle ruote posteriori va contrastato controsterzando verso la direzione da percorrere, rilasciando il pedale del freno ed eventualmente servirti dell'acceleratore.

- SEGRETO n. 7: il sottosterzo, cioè la perdita di aderenza delle ruote anteriori, va contrastato decelerando gradualmente e riprendendo la direzione da percorrere.

- SEGRETO n. 8: sfrutta la stessa tecnica del sovrasterzo per rimediare a una frenata in curva.

- SEGRETO n. 9: ABS, ASR e ESP sono i più importanti optional delle automobili.

- SEGRETO n. 10: in caso di scoppio dello pneumatico rallenta gradualmente e controsterza il veicolo verso il margine destro della strada.

GIORNO 6:

Prevenzione efficiente per ogni situazione

A questo punto vorrei porti un quesito. Mettiamo che ti trovassi su una strada a fondo bagnato a causa della pioggia col tuo veicolo e malauguratamente ti accorgessi della presenza di un ostacolo di qualsiasi natura sulla strada quando già sei vicino. Cosa faresti? Magari, visto che sei verso la fine della guida, mi risponderesti: «Aziono una frenata di emergenza avendo cura di non far bloccare le ruote» oppure «freno a fondo tanto ho l'ABS», oppure «metto in azione il freno e tento di spostarmi dall'ostacolo». Secondo me la risposta giusta non è nessuna delle tre. Quella corretta è: meglio evitare di trovarsi in questa situazione.

Ricorderai il noto slogan televisivo: «Prevenire è meglio che curare!» Ebbene quella frase oltre ad essere utile per la salute dei denti è fondamentale anche per quella dell'automobilista! Nelle pagine precedenti ti ho già illustrato l'importanza della prevenzione rispettando: la segnaletica stradale, la distanza di sicurezza, la manutenzione del veicolo ecc. In questo capitolo ho deciso di approfondire il discorso della prevenzione (visto che è fondamentale) in altre situazioni, sia nello specifico sia in linea generale. Questo capitolo l'ho diviso in tre parti fondamentali che in seguito sintetizzo:

- stato del conducente;
- lunghi viaggi;
- gestire gli incidenti.

Appellandoci al fatto che quasi la totalità delle cause di incidenti sono dovuti all'errore umano, risulta chiaro che è fondamentale lo **stato del conducente**, cioè la sua perfetta salute psicofisica.

Per entrare meglio nel dettaglio ho suddiviso quest'argomento in quattro parti:

- alimentazione;
- la vista;
- i farmaci;
- alcool.

L'**alimentazione** non è da sottovalutare nell'ambito della guida sicura, anzi è un discorso di vitale importanza. Quante volte ti capita dopo aver mangiato tanto di avere sonno? Quella stanchezza è dovuta al fatto che per favorire il processo della digestione c'è un maggior afflusso di sangue nello stomaco e di conseguenza ce ne sarà di meno al cervello, causando la sonnolenza. Naturalmente più mangi è più sarà laboriosa la digestione e di conseguenza maggiore sarà il senso di sonnolenza.

Inoltre per sonnolenza non si intende solo il bisogno di dormire, essa comporta anche ad alcuni problemi derivati, tipo l'attenuazione dei riflessi, che porta ad un pericoloso allungamento dei tempi di reazione.

Risulta molto intuitivo che quando guidi, specialmente se devi affrontare un lungo viaggio oppure usi un veicolo a tempo pieno per lavoro, devi moderare l'alimentazione, limitando i cibi grassi e pesanti, magari razionandoli ad intervalli di tempo.

SEGRETO n. 1: previeni la sonnolenza e l'attenuazione dei riflessi nella guida, riducendo i cibi pesanti.

Avere una **vista** perfetta è indispensabile per la guida sicura. Infatti un guidatore miope che ha ad esempio -2.00 diottrie (un grado abbastanza basso) riuscirà a vedere nitidamente al massimo fino a mezzo metro. Come vedi, la visibilità, anche a una graduazione così bassa, è molto scarsa, quindi un miope alla guida riuscirà a rilevare un ostacolo dopo tanto tempo rispetto a una persona con la vista perfetta.

Problemi analoghi si verificano con gli astigmatici, un difetto visivo che comporta a maggiore fastidio alla vista quando hanno di fronte auto del senso opposto con i fari accesi.

Risulta chiaro che la vista va tenuta continuamente sotto controllo al fine di evitare grossi problemi di sicurezza. Inoltre persone provviste di lenti a contatto devono avere sempre di scorta un paio di occhiali poiché per tanti motivi potrebbero togliere temporaneamente le lenti, anche per piccoli fastidi: bruciore, lacrimazione ecc. Infine, bisogna tenere di scorta in auto anche un paio di occhiali da sole, poiché alla guida bisogna tenere fissi gli occhi sulla strada e i raggi oltre a danneggiare la retina (specie quando vengono riflessi dalla neve che raddoppia le radiazioni ultraviolette), limitano la visibilità, fondamentale nell'ambito della sicurezza stradale. Ricordati di non economizzare mai sugli occhiali da sole, devono essere acquistati da ottici qualificati e devono riportare obbligatoriamente il marchio CE seguito dall'indicazione del grado di schermatura dai raggi ultravioletti.

SEGRETO n. 2: anche un minimo difetto alla vista comporta seri problemi alla sicurezza stradale.

Sicuramente avrai spesso sentito parlare di **farmaci** che limitano le capacità di guida. Questo problema è dovuto al fatto che portano sonnolenza, che oltre a causare il pericolosissimo "colpo di sonno", portano comunque ad un abbassamento dei riflessi e già diverse volte ti ho spiegato che pochi secondi nei tempi di reazione comportano ad un allungamento dello spazio di frenata di molte decine di metri.

Visto che è un argomento così importante ti illustrerò sinteticamente i diversi tipi di farmaci che comportano questo problema. Oltre ai sonniferi, che solo un pazzo prenderebbe prima di mettersi alla guida, i principali farmaci che alterano la guida sono:

- ansiolitici, farmaci ad azione tranquillante;
- antidepressivi, che presentano effetti sedativi;
- farmaci anti epilessia;
- antistaminici, i diffusissimi farmaci per l'allergia;
- farmaci contro il mal d'auto, che presentano effetti sedativi;
- analgesici, ad esempio farmaci per il mal di testa;
- antipertensivi.

In ogni caso, quando assumi medicinali, verifica sempre nel foglietto illustrativo che tra gli effetti indesiderati non vi sia: "altera le capacità di guida", nel caso in cui ci fosse questa indicazione, ti consiglio di evitare di guidare, magari facendolo fare a qualcun altro o nel caso non fosse possibile e hai l'assoluta necessità di guidare, usa la massima prudenza.

SEGRETO n. 3: verifica gli effetti indesiderati dei farmaci che assumi prima di guidare.

Inutile dire quant'è alto l'indice di mortalità negli incidenti dovuti a conducenti che avevano assunto **alcolici**. L'alcool deprime il sistema nervoso centrale e comporta notevoli effetti negativi al conducente con tutte le tragiche conseguenze:

- alterazione della vista;
- senso di euforia che incrementa i rischi;
- perdita della concentrazione;
- sonnolenza;
- attenuazione dei riflessi e conseguente allungamento dei tempi di reazione.

Il codice della strada prevede che superati i 0,5 g di alcol per litro di sangue, si considera guida in stato di ebbrezza con conseguenze molto pesanti: multe, sospensione della patente, ritiro ed è previsto anche l'arresto.

Per smaltire l'effetto dell'alcool, bisogna aspettare un certo tempo (oltre le tre ore) che varia secondo il grado e la quantità di alcool assunta, e anche se è stato assunto a digiuno o a stomaco pieno. Inoltre l'alcool aumenta gli effetti indesiderati dei farmaci che alterano la capacità di guida, aumentando ancora di più i rischi di sonnolenza e attenuazione dei riflessi.

Risulta chiaro che mettersi alla guida dopo aver assunto sostanze alcoliche è estremamente pericoloso e non credere che vale solo in caso di grosse sbornie, **anche un solo bicchiere di vino può limitare le capacità di guida.** Perciò ti consiglio di fare come me, anche se mi capita di bere un solo bicchiere di birra piccolo, faccio guidare a qualche amico che non ha bevuto nessun alcolico.

SEGRETO n. 4: l'alcool causa gravissimi rischi durante la guida anche a minime dosi.

In caso di **lunghi viaggi** occorre prendere una serie di misure preventive, utili sia a fini della sicurezza sia al comfort del conducente e dei passeggeri. Innanzitutto è necessario procedere ad una revisione delle condizioni del veicolo (anche se è una operazione che fai periodicamente, non fa male ripeterla in vista di un lungo viaggio): l'impianto elettrico, la pressione dei pneumatici, la pulizia di tutti i vetri (interni, esterni, compresi gli specchietti laterali e quello retrovisore), il livello dei liquidi ecc.

Per quanto riguarda il **bagaglio**, va tenuto preferibilmente nel bagagliaio del cofano posteriore, poiché oltre ad assicurare un maggiore comfort, evita distrazioni ed in alcuni casi può anche ostacolare i comandi di guida.

Se è proprio necessario mettere qualcosa all'interno dell'autovettura, dovrai porla in modo che rimanga ferma e stabile durante la guida, soprattutto che non cada sul guidatore. Inoltre, se durante il viaggio dovesse cadere qualcosa in seguito alle manovre di guida, anche se è forte la "tentazione" di raccoglierla e riporla mentre guidi, è un'operazione che devi fare assolutamente in sosta, poiché le distrazioni sono una causa molto diffusa di incidenti stradali. In vista di un lungo viaggio oltre alle solite regole di guida, cioè posizione corretta, alimentazione leggera ecc. va tenuta sotto controllo la stanchezza. Anche se non ne senti il bisogno è utile fermarti frequentemente ad un autogrill, magari scendendo dall'automobile per "sgranchirti" i muscoli, prendere un caffè. Sono cose utili sia alla sicurezza sia al comfort del viaggio.

SEGRETO n. 5: in caso di lungo viaggio revisiona il veicolo, cura il bagaglio in modo che non ti distragga o ti intralci e programma frequenti soste.

Il 3% degli incidenti circa sono causati dal cosiddetto "colpo di sonno" e una percentuale più alta di incidenti è causata dai sintomi della sonnolenza (attenuazione dei riflessi, perdita dell'attenzione...). Anche se ti sembrano percentuali basse, questi problemi presentano un tasso di mortalità molto elevato, perciò prima di metterti alla **guida di notte**, ti consiglio di seguire questi consigli fondamentali.

Innanzitutto, prima di un lungo viaggio è necessario che il conducente abbia fatto un lungo sonno. Durante il viaggio è necessario che faccia delle soste periodiche, la società Autostrade ha addirittura previsto l'offerta di un caffè gratuito a quelli che guidano di notte. Se non hai persone sveglie che ti tengono compagnia, tieni acceso l'autoradio. Ancora una volta evita i cibi troppo pesanti che favoriscono la sonnolenza e fai estremamente attenzione se prendi eventualmente i farmaci citati in precedenza. Se proprio non ce la fai più, fermati in una stazione di servizio e riposa qualche ora. È meglio arrivare in ritardo a destinazione che arrivare in autoambulanza! Ricorda inoltre di non sentirti "immune" dal colpo di sonno, può capitare a chiunque e anche se non te lo aspetti.

SEGRETO n. 6: metti in atto tutte le prevenzioni onde evitare il pericolosissimo colpo di sonno.

L'ultimo argomento di questo fondamentale capitolo riguarda la **gestione degli incidenti**, un argomento spiacevole che spero non possa mai servirti.

Penserai che gestire gli incidenti non sia prevenzione, poiché il peggio che doveva capitare oramai è successo, ma ti sbagli di grosso. Potresti ancora commettere tanti errori fatali: ad esempio spostare un ferito (in alcuni casi è rovinoso), eseguire manovre mediche senza averne le capacità, spostare i veicoli in caso di feriti…

La regola principale è mantenere la calma e non farsi prendere dal panico, poiché perdere le staffe non serve proprio a niente, anzi peggiora la situazione.

Innanzitutto è necessario segnalare, in particolari circostanze, la presenza di veicoli nella carreggiata. A questo proposito dovrai innanzitutto indossare il giubbotto rifrangente che obbligatoriamente dovrai avere in macchina e segnalare a distanza la vostra presenza col triangolo di emergenza. Inoltre dovrai comunque evitare di stare in mezzo al strada poiché è molto pericoloso, rischi di essere investito da altri veicoli.

Se l'incidente ha causato feriti sei obbligato a contattare il pronto soccorso e successivamente le forze dell'ordine, ricorda sempre di non farti prendere dal panico e di indicare **dettagliatamente il luogo** in cui è successo l'incidente. Diamo una ripassatina ai numeri di emergenza:

Polizia Stradale	**113**
Vigili del Fuoco	**115**
Pronto Soccorso	**118**
Soccorso Meccanico ACI	**803-116**

SEGRETO n. 7: in caso di incidente mantieni la calma, segnala la presenza di veicoli su strada e contatta i soccorsi indicando dettagliatamente il luogo.

Nell'attesa che arrivino i soccorsi, evita di spostare i feriti, poiché se avessero problemi particolari (tipo frattura alla colonna vertebrale) peggioreresti le cose ed evita inoltre che lo facciano gli altri, a meno che non siano competenti in materia. Devi agire secondo le tue capacità e conoscenze e non improvvisarti medico. Perciò evita manovre come il massaggio cardiaco, respirazione artificiale, gestire le emorragie, se non conosci neanche la parte teorica.

In ogni caso, noi tutti dovremmo conoscere le principali manovre per assistere i feriti e a tal proposito ti consiglio di scaricare gratuitamente e leggere questo manuale di Primo Soccorso e inoltre sarebbe molto utile avere in macchina alcune cose che anche se non sono d'obbligo di legge in Italia (mentre in altre nazioni si), possono risultare di vitale importanza per la sicurezza:

▪ una cassetta di pronto soccorso;

▪ un piccolo estintore.

Se l'incidente ha causato feriti, non devi spostare i veicoli fino a quando non arrivano le forze dell'ordine, per far ricostruire la dinamica dell'incidente.

SEGRETO n. 8: in attesa dei soccorsi non spostare i feriti ed i veicoli ed agisci solo secondo le tue capacità e conoscenze mediche.

Se invece l'incidente non ha provocato feriti, siete tenuti innanzitutto a spostare i veicoli dalla strada, in modo da non creare intralcio e inoltre non è necessario contattare le forze dell'ordine.

Dopodiché con estrema calma potete scambiarvi i dati e compilare il modulo di constatazione amichevole (CID), che comunque non è una dichiarazione di responsabilità, cioè compilandolo nessuno dichiara di aver ragione o torto.

RIEPILOGO DEL GIORNO 6:

- SEGRETO n. 1: previeni la sonnolenza e l'attenuazione dei riflessi nella guida, riducendo i cibi pesanti.
- SEGRETO n. 2: anche un minimo difetto alla vista comporta seri problemi alla sicurezza stradale.
- SEGRETO n. 3: verifica gli effetti indesiderati dei farmaci che assumi prima di guidare.
- SEGRETO n. 4: l'alcool causa gravissimi rischi durante la guida anche a minime dosi.
- SEGRETO n. 5: in caso di lungo viaggio revisiona il veicolo, cura il bagaglio in modo che non ti distragga o ti intralci e programma frequenti soste.
- SEGRETO n. 6: metti in atto tutte le prevenzioni onde evitare il pericolosissimo colpo di sonno.
- SEGRETO n. 7: in caso di incidente mantieni la calma, segnala la presenza di veicoli su strada e contatta i soccorsi indicando dettagliatamente il luogo.
- SEGRETO n. 8: in attesa dei soccorsi non spostare i feriti ed i veicoli ed agisci solo secondo le tue capacità e conoscenze mediche.

GIORNO 7:

Guidare con sicurezza moto e scooter

In genere quando si sente parlare di moto, sembra di parlare di pericolo. Anche tu probabilmente penserai che l'automobile sia molto più sicura di una moto, di uno scooter o di un ciclomotore, per evidenti motivi: poggia solo due ruote anziché quattro, necessita di equilibrio continuo, non sei al sicuro dentro una gabbia metallica.

Effettivamente sono vere queste ragioni, ma in certi sensi e probabilmente ti stupirò, la moto (d'ora in poi userò sempre questo termine per indicare anche gli scooter e i ciclomotori) è più sicura di un'automobile, per una ragione molto semplice. Già nei precedenti capitoli ti ho ripetuto più volte che la visibilità è fondamentale per una guida sicura e risulta evidentissimo che la visibilità della moto è nettamente superiore a quella dell'automobile. Ad esempio, hai mai sentito parlare dell'**angolo morto?** Gli specchietti retrovisori laterali di ogni automobile non sono in grado di fornire tutta la visibilità della strada, ad esempio non puoi vedere i veicoli affiancati che hanno già iniziato il sorpasso. Questa parte che non vedi si chiama appunto angolo morto e costituisce una delle maggiori cause di incidenti in fase di sorpasso e cambio corsia.

SEGRETO n. 1: prima di effettuare manovre in auto, presta attenzione all'angolo morto.

Non si può nascondere che andando in moto è facile farsi male, però devi ricordare che la sicurezza non dipende dal mezzo, ma da colui che la guida. Anche in macchina è possibile farsi male ed anche con una bici, il problema sta nel comportamento.

Visto che sei quasi a fine guida, avrai scoperto che esistono tantissime tecniche preventive che riducono enormemente il rischio di incidenti e comunque esistono altre tecniche correttive per limitare i danni in caso di situazioni di emergenza. Questo discorso non è tanto diverso dalla moto, anche in questo caso troverai tecniche di prevenzione e correzione e alcune saranno anche analoghe a quelle utilizzate per gli autoveicoli. Pertanto questo capitolo sarà suddiviso in tre parti:

- prevenzione;

- gestione imprevisti;

- manutenzione.

Quando si parla di **prevenzione** in primis è d'obbligo ricordare i mezzi di sicurezza. In moto i più importanti sono: il casco e l'abbigliamento.

Il **casco** è obbligatorio per tutti, tranne per alcuni tipi di scooter cabinati. Non indossare il casco, non comporta solo multe e sequestro del motoveicolo, ma costituisce un grandissimo rischio in caso di incidente. Inoltre non pensare che non va di moda indossare il casco, ultimamente ci sono aziende che fanno a gara per creare nuove versioni grafiche, molto diffuse in giro. Il casco deve rispettare i seguenti requisiti:

- deve essere omologato dal Ministero dei Trasporti
- deve essere sempre allacciato, altrimenti è inutile indossarlo;
- deve avere una misura perfettamente aderente al capo.

In caso di pioggia, ti consiglio ti spargere sulla visiera del casco uno spray antiappannante per impedire il fastidioso e pericoloso appannamento del vetro. È un prodotto che utilizzo personalmente ed è di una comodità assoluta e naturalmente garantisce un'ottima sicurezza.

Anche l'**abbigliamento** in moto è di vitale importanza, anche se guidi un semplice ciclomotore. Infatti se malauguratamente cadessi da un qualsiasi motoveicolo, subiresti gravi danni alla pelle scoperta. Per questo, anche d'estate, è consigliabile non restare a braccia scoperte in moto, né tantomeno avere altre parti all'aria, come le gambe, ed evita inoltre di usare infradito o ciabatte. Non per entrare troppo nel merito dell'argomento, ti consiglio di acquistare almeno un giubbotto da moto, provvisto di protezioni di plastica interne (gomiti, spalle e schiena). Sono molto belli e sono utilissimi per andare in moto, poiché sono anche antipioggia. Conosco alcune persone che lo indossano anche senza avere una moto! Inoltre d'estate puoi togliere comodamente l'imbottitura interna, ma ti sconsiglio di togliere le parti protettive, praticamente invisibili dall'esterno.

SEGRETO n. 2: il casco e l'abbigliamento sono i principali mezzi di protezione per la guida di una moto.

Prima di entrare nel merito della guida, ti consiglio di usare la stessa tecnica di sicurezza fondamentale per la guida sicura per gli autoveicoli, cioè **vedere a distanza**. È una tecnica efficientissima per prevedere gli imprevisti e fermarsi col largo anticipo senza rischi.

Ma comunque non devi limitarti a guardare solo a distanza. Innanzitutto devi guardare ciò che hai davanti a breve distanza. Purtroppo abbiamo solo due occhi, ma per la tua sicurezza, specie in moto, quando guidi devi avere una visione totale a 360°, dando periodicamente sguardi anche ai fianchi e agli specchietti laterali. Rimanendo nel discorso della guida della moto, un'altra credenza da sfatare, che crea un comportamento errato, è la rigidità.

Tanti anni fa, il mio istruttore alla pratica di guida dell'auto, diceva che l'automobile è come una donna, va trattata con dolcezza! Lo stesso vale anche per la moto. Guidare una moto, non significa che bisogna avere tanta forza. Questa credenza fa guidare in modo rigido e in tensione parecchie persone. Monta in sella rilassato e aziona tutti i comandi con dolcezza, un classico errore è quello dell'acceleratore, che viene sempre schiacciato a fondo e mai gradualmente. Se non segui questi consigli, anche dopo un breve viaggio sarai a pezzi!

Un altro discorso di sicurezza preventiva, analogo a quello per gli autoveicoli, è quello di fare attenzione alle **distrazioni**. Non pensare che solo quelli che guidano auto, sono tentati a fare o a utilizzare altre cose. Una volta ho visto addirittura un ragazzo in moto che si accendeva una sigaretta utilizzando entrambe le mani… inutile dire quanto sia pericoloso!

Quindi se hai un cellulare sfrutta anche in questo caso la comodità di un auricolare, ponendolo già prima di partire nell'orecchio, evita di guardare altrove che non sia la strada, tipo cartelli pubblicitari, negozi, persone! Inoltre evita di guidare, come fanno tante persone con carichi attaccati al manubrio che impediscono i movimenti e distraggono molto, favorisci l'uso di portapacchi, bauletti e zaini, se non ne disponi, ti consiglio di acquistare almeno uno di questi.

SEGRETO n. 3: anche in moto guarda periodicamente a distanza ed evita le distrazioni.

Stesso discorso vale per la **segnaletica stradale**, quindi anche se guidi solo moto o scooter non sottovalutare i capitoli precedenti, esercitati comunque con i quiz online della patente, poiché è fondamentale conoscere la "teoria" che sia per gli autoveicoli sia per i motoveicoli è identica. Questo che significa? Che con la moto, anche se ti consente maggiore libertà nei movimenti, spazi ridotti, ripresa e velocità più alta non significa che puoi violare le regole.

I limiti di velocità imposti per ogni tipo di strada e anche quelli dalla segnaletica stradale, sono gli stessi. In particolar modo nei centri abitati, dove salvo segnaletica, il limite è 50 km/h e non pensare che sia poco, poiché se urteresti un pedone andando intorno alla metà di questa velocità, gli provocheresti seri danni.

Il limite di velocità va sempre rispettato, rivedi le ottime ragioni indicate nel capitolo 5 ed aggiungi che in moto i rischi sono maggiori, poiché non sei protetto in una gabbia metallica con airbag e cinture di sicurezza. Nel traffico non hai il diritto di sorpassare a destra, ne va della tua salute, poiché anche andando a velocità bassissima, se qualcuno aprisse lo sportello del proprio veicolo, subiresti gravi problemi. Inoltre il sorpasso in moto, impone il rispetto delle stesse regole per la guida di un'autovettura che impone il codice stradale.

SEGRETO n. 4: anche se la moto consente più manovre, rispetta in ugual misura il codice della strada.

Anche il discorso della velocità e della traiettoria da adottare in **curva** è lo stesso. È molto pericoloso frenare in curva, va frenato prima di imboccarla. La traiettoria va presa larga (verso l'esterno) all'imbocco, in modo che ti assicuri anche un'ottima visibilità della strada in avanti, poi vai a stringerti man mano verso il centro della curva ed esci allargandoti progressivamente.

Anche in questo caso evita frenate e brusche decelerazioni in curva, mantieni l'acceleratore costante, dando maggiormente gas (in condizioni di sicurezza) in uscita della curva. Naturalmente sulle strade a doppio senso di circolazione, dovrai far particolarmente attenzione a non superare il limite della corsia segnalato con le strisce discontinue o continue della carreggiata. Fa inoltre attenzione alle curve a sinistra. Secondo quello che ti ho detto devi imboccarle allargandoti verso l'esterno, cioè verso destra, ma assicurati di non uscire fuori dalla carreggiata andando sulla banchina ed inoltre controlla che ai margini non vi sia materiale sdrucciolevole, rischieresti di scivolare.

SEGRETO n. 5: affronta le curve in moto con la stessa tecnica di sicurezza usata per l'autovettura.

Normalmente in auto, la posizione sulla carreggiata deve essere ai margini del lato destro, discorso che vale anche nelle autostrade a più corsie, per agevolare il sorpasso. In moto, la **posizione sulla strada** ottimale consiste nello stare un po' verso il centro, avendo naturalmente cura di non oltrepassare il limite della corsia segnalato con le strisce e facendo attenzione ad eventuali mezzi contromano che oltrepassano la tua corsia.

Questo perché rimanere ai margini del lato destro è pericoloso poiché i mezzi che in un incrocio provengono da quello stesso lato difficilmente riescono a vederti e purtroppo potrebbero immettersi nella tua strada, causandoti una pericolosa fermata d'emergenza o una collisione.

SEGRETO n. 6: poniti con la moto un po' verso il centro della corsia per essere maggiormente visibile.

In moto, a differenza dell'auto, puoi comandare la **frenata** con due leve (quella del freno anteriore e quella del posteriore). Prendi l'abitudine di posizionare solo due dita sui freni, in modo che in caso di emergenza, anche se eserciterai una pressione fortissima sulle leve, difficilmente riuscirai a bloccare le ruote, che a differenza dell'auto significa cadere. Normalmente, la frenata avviene accompagnata dal freno motore con lo scalo delle marce. Inizialmente dovrai esercitare una pressione sul freno posteriore per bilanciare la moto ed evitare un eccessivo trasporto in avanti, immediatamente dopo dovrai premere contemporaneamente e con maggiore pressione quello anteriore, che determina la fermata della moto, infatti, il freno anteriore è più potente di quello posteriore, spesso è a doppio disco ed in molti scooter quello posteriore è a tamburo (meno potente).

132

SEGRETO n. 7: per frenare in moto con efficienza inizia con il freno posteriore, poi aggiungi con più energia quello anteriore.

Presta particolarmente attenzione alle curve, in cui normalmente non dovresti frenare, ma se è proprio necessario usa solo quello posteriore, poiché se usi quello anteriore, lo spostamento del carico in avanti, tenderà a chiudere ulteriormente il manubrio, facendoti cadere. Infine se il fondo stradale fornisce poca aderenza, ad esempio in caso di pioggia, non esercitare una pressione maggiore sul freno anteriore, utilizza entrambi i freni.

SEGRETO n. 8: in curva usa solo il freno posteriore e in situazioni di poca aderenza utilizza entrambi.

Sempre nell'ambito della pioggia, presta attenzione poiché quando inizia a piovere, si sollevano dall'asfalto parecchie sostanze accumulate molto scivolose, quindi ti consiglio di fermarti e aspettare un po' prima di ripartire, affinché la pioggia pulisca il fondo stradale. In ogni caso, con la pioggia, rallenta notevolmente la velocità ed evita movimenti bruschi.

Sempre nell'ambito di una frenata sicura, limita di scalare bruscamente, poiché oltre al rischio di un "fuori giri" del motore, rischi il bloccaggio della ruota posteriore, con una conseguente sbandata o caduta dalla moto. Naturalmente ci sono tante altre manovre preventive per la sicurezza stradale in moto, tipo la distanza di sicurezza, lo stato del conducente... che non ti ho illustrato non perché non sono importanti, anzi in moto sono ancora di più vitale importanza, ma semplicemente perché valgono gli stessi consigli visti in precedenza.

In moto, la **gestione degli imprevisti** è più difficile rispetto a quella dell'automobile, occorre più pratica e le conseguenze possono essere molto più gravi, per questo bisogna far leva sulla prevenzione e al buon senso. In moto a differenza dell'auto, alcuni imprevisti possono comportare a gravi conseguenze di salute! Ad esempio fai attenzione alle buche (guarda sempre a distanza) e alle pozzanghere (che possono essere molto profonde).

Cerca sempre di essere concentrato sulla guida e non sciolgierti troppo se conosci bene la strada che stai percorrendo, gli imprevisti sono sempre in guardia. Inoltre, fai particolarmente attenzione agli incroci, prevedendo anche gli errori degli altri. Se ad esempio un automobilista non manifesta la volontà di darti precedenza, fallo passare, meglio non rischiare.

SEGRETO n. 9: in moto occorre maggiore prevenzione poiché la gestione degli imprevisti è più difficile.

In ogni caso ti ricordo il discorso dell'istinto nelle situazioni di pericolo in auto (sottosterzo, sovrasterzo...) che ti ho fatto in precedenza. Anche la moto, come l'auto, va dove hai lo sguardo.

Quindi se ti trovi in situazioni di emergenza, mantieni la calma e non guardare l'ostacolo, guarda la direzione giusta (in genere quella della strada). Però la moto presenta un vantaggio, puoi esercitarti a differenza dell'auto in tanti posti, basta che ti assicuri che siano luoghi tranquilli ed isolati da persone e veicoli. Puoi usare le stesse tecniche che hai affrontato durante l'esame pratico di guida della moto, cioè la prova con i birilli.

Magari potresti esercitarti a scansare un birillo quando gli sei vicino (ipotizzando che sia un ostacolo) a una velocità non troppo lenta. Non usare però birilli rigidi, urtandoli potresti cadere o danneggiare la moto, in commercio esistono quelli in gommapiuma, in assenza di tali potresti utilizzare un cartone a terra.

SEGRETO n. 10: esercitati con la moto a evitare gli imprevisti, imparando a dirigerti verso la giusta traiettoria e non sull'ostacolo.

Veniamo ora a un altro argomento che spero non possa mai esserti utile: gestire la **caduta dalla moto**. Esistono alcune tecniche per cadere dalla moto limitando i danni, ma esistono anche moltissime situazioni diverse, inoltre non è neanche possibile fare facilmente pratica sulle cadute e in certe situazioni avresti difficilmente i riflessi pronti per gestirla.

Inoltre le tecniche di caduta presuppongono che il motociclista abbia una protezione totale e completa: casco, tuta da moto, giubbotto con protezioni complete (gomiti, spalle e paraschiena), calzoni con protezioni alle ginocchia, stivali adatti, guanti da moto. Vediamo comunque un po' di teoria che spero non possa mai trasformarsi in pratica. Una delle tecniche per gestire al meglio la caduta dalla moto, ma comunque va applicata in base alla situazione, consiste nello scivolare col proprio corpo (protetto dalla tuta da moto) evitando di bloccarti con le braccia e le gambe (subiresti inutili fratture). In ogni caso se rispetti le tecniche di prevenzione e le norme stradali (in particolare la velocità) e inoltre disponi le protezioni complete, eventuali danni sarebbero molto lievi.

SEGRETO n. 11: in caso di caduta dalla moto favorisci la scivolata ed evita il bloccaggio con gli arti.

Non sempre le cadute avvengono in movimento, sono numerosi i casi di caduta con moto ferma, che provocano danni al motoveicolo e spesso anche al motociclista e ad altre persone! Perciò quando metti la moto sul cavalletto, assicurati sempre che sia completamente aperto e che la strada non sia troppo inclinata. Passiamo ora alla **manutenzione** della moto. Diciamo che le procedure non sono troppo diverse da quelle delle autovetture, c'è qualcosa in più ed altra in meno. Di certo non dovrai preoccuparti delle spazzole dei tergicristalli, della cinghia di distribuzione, del airbag o delle cinture di sicurezza! Ma in più dovrai occuparti di ben altre cose fondamentali.

Partiamo da un'operazione estremamente delicata, la verifica della catena. La **catena** se verificata frequentemente durerà diverse decine di migliaia di chilometri. Perciò, secondo le tempistiche indicate nel libretto di manutenzione, porta la moto a regolare la tensione della catena, a pulirla, a lubrificarla e a verificarne l'usura.

In moto, in caso di lunghi periodi di inutilizzo (tipo un mese) è necessario attuare alcune misure preventive, specie d'inverno in cui viene frequentemente riposta nel garage fino alla primavera. Innanzitutto è necessario scollegare uno dei poli della batteria, per evitare che si scarichi. La moto anche se va tenuta in un garage, va coperta con un apposito telo per proteggerla dall'umidità. La catena deve essere preventivamente lubrificata con un olio specifico per proteggerla contro la ruggine. Infine va protetto il motore, togliendo le candele, inserendo nel foro un po' d'olio, facendo girare un po' il motore per far lubrificarlo interamente ed infine rimontando la candela.

Quando arriva la bella stagione e riprenderai la tua moto, verifica innanzitutto la pressione delle ruote che sicuramente sarà bassa. La restante parte della manutenzione non è diversa da quella dell'automobile: verifica i livelli, sostituisci periodicamente l'olio, verifica l'impianto elettrico, l'impianto frenante, le sospensioni, il filtro dell'aria, il liquido di raffreddamento, le candele e la pressione dei pneumatici.

A proposito di queste ultime due cose, ti consiglio di avere in sella sempre una candela di scorta ed una bomboletta di spray gonfia e ripara per non rimanere bloccato in caso di foratura di una o più ruote. Personalmente tengo questo prodotto sempre nel cofanetto sotto la sella e mi ha salvato in diverse situazioni!

SEGRETO n. 12: la manutenzione della moto è simile a quella dell'auto ma prevede la verifica della catena e misure preventive per lunghi periodi di inutilizzo.

RIEPILOGO DEL GIORNO 7:

- SEGRETO n. 1: prima di effettuare manovre in auto, presta attenzione all'angolo morto.

- SEGRETO n. 2: il casco e l'abbigliamento sono i principali mezzi di protezione per la guida di una moto.

- SEGRETO n. 3: anche in moto guarda periodicamente a distanza ed evita le distrazioni.

- SEGRETO n. 4: anche se la moto consente più manovre, rispetta in ugual misura il codice della strada.

- SEGRETO n. 5: affronta le curve in moto con la stessa tecnica di sicurezza usata per l'autovettura.

- SEGRETO n. 6: poniti con la moto un po' verso il centro della corsia per essere maggiormente visibile.

- SEGRETO n. 7: per frenare in moto con efficienza inizia con il freno posteriore, poi aggiungi con più energia quello anteriore.

- SEGRETO n. 8: in curva usa solo il freno posteriore e in situazioni di poca aderenza utilizza entrambi.

- SEGRETO n. 9: in moto occorre maggiore prevenzione poiché la gestione degli imprevisti è più difficile.

- SEGRETO n. 10: esercitati con la moto a evitare gli imprevisti, imparando a dirigerti verso la giusta traiettoria e non sull'ostacolo.

- SEGRETO n. 11: in caso di caduta dalla moto favorisci la scivolata ed evita il bloccaggio con gli arti.

- SEGRETO n. 12: la manutenzione della moto è simile a quella dell'auto ma prevede la verifica della catena e misure preventive per lunghi periodi di inutilizzo.

GIORNO 8:

Far pratica col miglior simulatore virtuale

Nei capitoli precedenti hai visto quanto siano importanti le tecniche per affrontare con successo un imprevisto. Naturalmente ti ho già ripetuto che quasi la totalità degli incidenti è causata dall'errore umano, quindi se tutti mettessero in pratica tutte le tecniche di prevenzione, difficilmente dovremmo ricorrere a misure di emergenza.

In ogni caso, chiunque può commettere uno sbaglio e tralasciando il motivo per cui è avvenuto, la cosa migliore da fare è gestire al meglio l'imprevisto, al fine di uscirne senza problemi. Innanzitutto, se hai suddiviso la lettura di questa guida in più giorni, ti consiglio di andare a rivedere il capitolo 5, in modo da rileggere la parte teorica delle manovre per gestire le principali emergenze:

- frenata d'emergenza;
- ostacolo su strada;

- aquaplaning;
- sovrasterzo;
- sottosterzo;
- frenata in curva.

Dopo aver letto con attenzione le tecniche per gestire questi principali imprevisti, puoi passare alla pratica. Naturalmente non intendo chiederti di andare a cercarti o creare una situazione di emergenza con la tua macchina! Per fare pratica in questo senso devi solo trovarti in luoghi adibiti a questo scopo, lontano da altri veicoli e persone, con sistemi di sicurezza e persone esperte che ti seguono.

Una soluzione ottimale consiste nel far pratica con un **simulatore virtuale** sul tuo PC. Prima di iniziare, ti premetto che un simulatore virtuale non è affatto un gioco. È un software realizzato da esperti del campo, che rispecchia tutti i parametri e le leggi della fisica, applicati alla guida e a tutte le situazioni associate ad essa: imprevisti, condizioni stradali, perdita di aderenza, accelerazione, frenata ecc. Probabilmente penserai che sarà molto diverso far pratica su un PC con la tastiera, che con la vera autovettura con il volante e i pedali. Sotto un certo senso non è così. Posso darti inizialmente una spiegazione logica, dicendoti che esistono numerose aziende che si occupano e producono software **professionali** di simulazione virtuale, nell'ambito di:

- aerei, ultraleggeri e jet;
- barche, yacht e navi;
- treni;
- simulatori spaziali;
- moto.

E non solo, esistono simulatori anche nell'ambito della medicina e della chirurgia. Pensi che se un'azienda realizza software per un ramo delicato come la chirurgia, lo fa per far perdere tempo alla gente senza far acquisire pratica?

Ecco un'altra ragione per cui acquisirai pratica con i simulatori virtuali. Innanzitutto già la parte teorica fornita nei capitoli precedenti riuscirà a non farti commettere comportamenti errati in caso di imprevisti. Sapevi che non si può frenare o decelerare bruscamente in curva? Sapevi che l'istinto ti porta dritto dritto nei guai?! Sapevi che con le ruote bloccate lo sterzo non risponde ai comandi? E già con tutta la parte teorica hai un'ottima base. Ma sono sicuro che chiunque abbia imparato a memoria queste tecniche per gestire gli imprevisti, al momento della pratica invece di controsterzare verso la direzione da seguire ad esempio, girerebbe nel verso sbagliato! Infatti, quando inizierai a far pratica con un simulatore, sono sicuro che commetterai diversi sbagli e solo dopo tanti tentativi riuscirai ad andare nella direzione giusta.

Mi spiego meglio: se stai guidando col simulatore e svoltando a sinistra subirai una perdita di aderenza alle ruote posteriori (sovrasterzo), probabilmente le prime volte la tua mente ti dirà di frenare, continuando a girare a sinistra, nonostante che la manovra da fare sia non frenare, controsterzare a destra e accelerare per facilitare l'allineamento del veicolo.

Come vedi, simulatore o realtà, probabilmente commetteresti lo stesso sbaglio. Quindi se farai una decina di volte lo stesso esercizio, capirai la tecnica e se malauguratamente dovessi trovarti nella realtà in una situazione di sovrasterzo, anche se c'è differenza tra premere il tastino e girare il volante, la tua mente saprà qual è la giusta direzione e l'azione verrà spontanea.

SEGRETO n. 1: i simulatori di guida virtuali aiutano a gestire le emergenze anche nella realtà.

Penso di averti fornito delle ottime risposte e quindi puoi passare alla ricerca di un buon simulatore da installare sul tuo PC. Per fare ciò potresti fare una ricerca su Google indicando le parole chiave:

- simulatori di guida;
- simulatore auto;
- simulazione di guida.

Purtroppo ho testato parecchi di questi software, ma la maggior parte sono giochi, hanno un bassissimo livello di realismo e soprattutto nessuno simula una situazione di emergenza. Per non farti perdere tempo e per darti qualcosa di sicuro, affidabile e reale, ti consiglio il simulatore gratuito offerto dal Campionato Guid@ Sicura.

SEGRETO n. 2: il miglior simulatore di guida virtuale è quello offerto dal sito Campionato Guid@ Sicura.

Questo sito nasce dal Centro Internazionale Guida Sicura di Andrea de Adamich che ogni anno organizza una competizione dedicata ai giovani automobilisti che intendono studiare le tecniche di guida sicura, per vincere un titolo prestigioso ed anche un premio in palio. Possono partecipare tutti i giovani con età compresa tra i 18 ed i 25 anni, in possesso del permesso di guida B (o superiore), dopo aver superato una selezione via internet, composta da test teorici e virtuali, effettuati appunto tramite questo simulatore di guida. Per questo posso assicurarti che in rete non puoi trovare niente di meglio, poiché oltre ad essere un ottimo software di simulazione è anche uno strumento realizzato per selezionare persone ad un concorso a premi ed il vincitore non riceve un peluche, ma una Alfa Romeo 147 JTD!

Superata la selezione, è possibile partecipare alle prove dinamiche di guida sicura in vettura, per la qualificazione alla fase finale. La finale nazionale si terrà presso la sede del Centro Internazionale Guida Sicura che si trova all'interno dell'autodromo di Varano de' Melegari, in provincia di Parma.

SEGRETO n. 3: partecipa gratuitamente al Campionato di Guida Sicura.

In ogni caso, se non hai i requisiti per partecipare a questa fantastica opportunità oppure se non hai superato la selezione, potrai sempre sfruttare il potentissimo software di simulazione per esercitarti. Per scaricare il software devi innanzitutto registrarti, cliccando il link della home page "Non sei ancora registrato?".

A questo punto si aprirà la pagina di registrazione, in cui dovrai indicare alcuni tuoi dati personali, prestare il consenso al trattamento dei dati e cliccare su "Iscriviti". Appena registrato, potrai andare sul link "Scarica il test" e lanciare il programma che non dovrai neanche installare, partirà subito.

Inizialmente ti verrà richiesta la potenza del tuo PC (high o low Performance), in base alle caratteristiche indicate.
Successivamente apparirà la schermata principale del software col menù, con le seguenti opzioni:

- traiettoria;
- miniskid car;
- schivata di emergenza;
- questionario;
- qualifica;
- opzioni.

Il primo esercizio pratico, cioè quello della **traiettoria di curva**, consiste nell'affrontare un percorso su pista virtuale, in cui dovrai imboccare con estrema precisione le curve, seguendo la traiettoria ideale che ti ho illustrato nei capitoli precedenti.

I comandi di guida del simulatore virtuale, vengono attivati con i seguenti tasti, modificabili a piacere andando nella voce "opzioni":

- Tasto "A" → Gas
- Tasto "Z" → Freno
- Tasto "," → Sinistra
- Tasto "." → Destra
- Tasto "Ctrl" → Retromarcia

Se non stai partecipando alla qualificazione ed è solo una'esercitazione, nella strada virtuale troverai a terra una striscia scura che ti indicherà la traiettoria ideale da seguire. Come puoi notare, le traiettorie ideali sono quelle che ti ho illustrato in precedenza: si entra in curva larghi, naturalmente non si deve assolutamente oltrepassare la striscia che suddivide le corsie e man mano verso il centro della curva dovrai stringere la traiettoria e verso l'uscita dovrai di nuovo allargarla. Non dimenticare naturalmente di frenare (tasto "Z") prima di imboccare la curva e favorire l'uscita accelerando (tasto "A"). Il secondo esercizio pratico si chiama **miniskid car**. Questo esercizio ha lo scopo di perfezionarti la tecnica di controllo del sovrasterzo, che come hai visto nei capitoli precedenti, avviene in seguito a perdita dell'aderenza dei pneumatici posteriori (ad esempio in caso di frenata in curva). Inoltre, ti ho spiegato che per correggere il sovrasterzo, devi togliere il piede sul freno (in condizioni di sicurezza), controsterzare nella direzione da percorrere e utilizzare l'acceleratore per aiutare l'auto a raddrizzarsi.

Nel simulatore noterai che questo esercizio viene proposto proprio come avviene nella realtà delle scuole di guida sicura, cioè con una macchina a trazione anteriore con le ruote posteriori sollevate su un carrello, per assicurare la totale perdita di aderenza di quest'ultime. Inoltre dovrai far attenzione a non urtare i birilli che tracciano il percorso da seguire, durante i due giri di pista.

Il terzo esercizio pratico è la **schivata di emergenza**. In questo esercizio simulato, dovrai guidare virtualmente un veicolo dotato di ESP (programma elettronico di stabilità) alla maggiore velocità possibile ed evitare l'ostacolo che apparirà all'improvviso a sinistra o a destra (in modo casuale) e procedendo dopo la schivata, nel restante tratto di pista senza colpire i birilli.

L'ultimo esercizio è il **questionario sulla sicurezza stradale**. Si tratta di una prova a quattro domande a risposte multiple sulla sicurezza stradale. Ecco alcuni esempi di domande:

- Qual è la posizione corretta delle mani sul volante?
- Come si corregge il sovrasterzo in curva con trazione anteriore?

- Quali problemi dinamici può comportare l'utilizzo di pneumatici stradali con battistrada usurato?

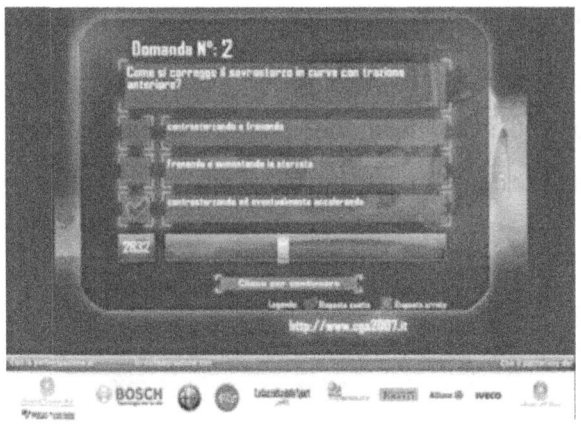

È un esercizio molto utile per assimilare i concetti illustrati nei capitoli precedenti.

Ti consiglio di esercitarti diverse volte con tutti questi potentissimi strumenti di simulazione, fino a quando avrai ricevuto ottimi punteggi nelle varie prove e vedrai che l'esperienza acquisita ti sarà utile anche nel campo pratico.

SEGRETO n. 4: allenati assiduamente a tutte le prove di esercitazione del simulatore di guida virtuale.

L'altra opzione del menù rimanente è la **qualifica**. In pratica si compone delle prove illustrate per essere ammesso alla partecipazione al campionato di guida sicura. Per effettuare questa prova, dovrai avere innanzitutto i requisiti che ti ho indicato in precedenza. Se li possiedi ti consiglio di non perdere assolutamente questa opportunità straordinaria.

Se purtroppo non hai i requisiti per partecipare alla selezione per entrare in pista o se non la superi, ti consiglio di valutare l'idea di partecipare a un **corso pratico**.

Sinceramente ho avuto la fortuna di partecipare ad un corso simile proprio al Centro Internazionale di Guida Sicura di Andrea de Adamich, la scuola più famosa nel campo di sicurezza automobilistica.

Ti assicuro che oltre ad essere estremamente emozionante guidare in pista, acquisisci un'esperienza unica grazie alle varie aree attrezzate per simulare i principali imprevisti. Inoltre gli istruttori del centro sono i migliori piloti a livello nazionale ed internazionale (te ne accorgi già dai loro nomi!).

Ritornando alla nostra guida, un altro interessantissimo sito che ti consiglio di andare a vedere è quello offerto dalla rubrica motori del sito di Repubblica. Si tratta di un videoquiz interattivo di guida sicura composta da queste cinque domande a risposta multipla:

- perdita aderenza pneumatici posteriori;
- frenata ABS per ostacolo improvviso;
- curva con perdita aderenza pneumatici anteriori;
- aquaplaning;
- ostacolo in curva.

In pratica per ogni domanda vedrai il filmato della situazione di emergenza e per ogni risposta di scelta di comportamento da adottare in tale situazione, sia esatta sia sbagliata, ti verrà mostrato il corrispondente filmato. In questo modo vedrai con i tuoi occhi le principali situazioni di emergenza e cosa accade se adotti le azioni correttive giuste o sbagliate.

SEGRETO n. 5: esercitati al videoquiz offerto dalla rubrica motori del sito Repubblica.

RIEPILOGO DEL GIORNO 8:

- SEGRETO n. 1: i simulatori di guida virtuali aiutano a gestire le emergenze anche nella realtà.

- SEGRETO n. 2: il miglior simulatore di guida virtuale è quello offerto dal sito Campionato Guid@ Sicura.

- SEGRETO n. 3: partecipa gratuitamente al Campionato di Guida Sicura.

- SEGRETO n. 4: allenati assiduamente a tutte le prove di esercitazione del simulatore di guida virtuale.

- SEGRETO n. 5: esercitati al videoquiz offerto dalla rubrica motori del sito Repubblica.

CONCLUSIONE

Eccoci giunti alla fine di questo "viaggio", probabilmente quello più importante che tu abbia mai fatto. Le informazioni che hai trovato in questa guida elettronica, ti hanno illustrato le principali tecniche di correzione e prevenzione nell'ambito della guida sicura. **Ora tocca a te!**

Rileggi la guida per approfondire meglio i concetti e soprattutto **metti in pratica** tutte le tecniche illustrate in questo libro, senza escluderne nessuna.

Inizia dalle tecniche più importanti, quelle per la prevenzione. Come hai potuto constatare la prevenzione è alla base della guida sicura, perciò va applicata sempre, specialmente nelle situazioni più "critiche" che ti ho illustrato nel primo capitolo. Se le metti tutte in pratica già avrai raggiunto il più importante traguardo della sicurezza stradale. E non avrai problemi a guidare anche quando altre cause mettono in rischio la sicurezza stradale, basterà che tu segua alla lettera le tecniche di prevenzione in caso di condizioni sfavorevoli.

Inoltre una maggiore garanzia di affidabilità ti sarà data dal tuo veicolo, dopo aver seguito i consigli di manutenzione per avere le chiavi di ciò che ti condurrà nella meta senza pericoli e col massimo risparmio. Non dimenticare inoltre di mantenerti sempre in forma con la teoria, con i quiz della patente (sempre in continuo aggiornamento) e il questionario di sicurezza stradale. Inoltre guida sempre in ottime condizioni psicofisiche e metti anche in pratica le tecniche di rilassamento per scacciare la furia e l'egoismo e favorire l'educazione stradale, vero segno di civiltà.

Infine grazie alla conoscenza delle tecniche che ti consentiranno di affrontare con successo i principali imprevisti e con l'ausilio del potentissimo software di simulazione, riuscirai a mantenere la calma e ad attuare le manovre giuste per uscirne con successo anche nelle situazioni più critiche.

Buon Viaggio!

Vincenzo Iavazzo

160

Azione

1. **Concentrati quando guidi ed evita distrazioni.**
2. **Guida solo in perfette condizioni psicofisiche.**
3. **Assicura una corretta manutenzione al tuo veicolo.**
4. **Metti in pratica tutte le tecniche di prevenzione e di sicurezza.**
5. **Rispetta il codice della strada.**
6. **Esercitati con i quiz, il simulatore di guida e il questionario di sicurezza stradale.**
7. **Mantieni la calma nelle situazioni di emergenza, mettendo in pratica le tecniche contro gli imprevisti.**
8. **Buon Viaggio!**

Made in the USA
Monee, IL
07 July 2026

56644414R00089